SHODENSHA
SHINSHO

ジュアル版

の街道を歩く

涼

祥伝社新書

まえがき

江戸・東京の街歩きがブームだと言います。江戸歩き案内人を自称する私としては大変うれしいかぎりです。しかし、さまざまな江戸歩きの本を見ると、日本橋《にほんばし》や神田《かんだ》、本所《ほんじょ》・深川《ふかがわ》といった江戸中心街の案内書は多いのですが、江戸の繁栄を支えた江戸郊外の案内書というものは、あまり見当たりません。

現在の東京23区となっている江戸の郊外は、江戸の街と隣り合う特別な場所でした。そこは江戸で必要な物資を日々供給する場所であり、大名屋敷のメインテナンスを請《う》け負う農民の居住地であり、江戸市民からすると、さまざまな寺社や名勝のある行楽地であり、日々頻繁な交流がありました。

そうした交流・交通を支えたのが、江戸から発する数多くの街道です。江戸時代になり、道は江戸城を中心に再編、あるいは新たに築かれ、それが今の東京の交通網の骨格になっています。街道は東海道や中山道など幕府が管理する五街道から、清戸道《きよとみち》など、あまり名前を聞かない農民の通勤路まで、さまざまでした。

そうした街道筋ごとに、江戸近郊、現在の東京23区内の古くからの寺社、庶民の行楽地、史跡などをご案内しつつ、それぞれの地域の歴史も紹介したのがこの本です。紹介場所には江戸近郊の名所を網羅した幕末の書「江戸名所図会《ずえ》」と、歌川広重《うたがわひろしげ》の傑作「名所江戸百景」に掲載された場所を、優先して取り上げました。

また江戸近郊には、明治維新以降たくさんの寺社が関東大震災や戦災をきっかけに移転しており、数多くの江戸の有名人のお墓も移っています。そうした移転寺院も紹介しています。

コースは東海道から時計回りに16のコースを取り上げています。距離の長いコースもあり、なんとか1日で回れるように電車やバスも利用して設定しています。

現在の東京23区内に住んでいる方の大部分は、実は今回ご紹介するエリアの中にお住まいだと思います。江戸の中心街も地元・東京ではありますが、まさに今、住んでいる足元の地域の歴史や史跡について、知っていただけたらうれしいです。

23区以外にお住まいの方も、人出の多い江戸中心街ばかりでなく、緑や水も豊かでゆったりとした江戸郊外の名所巡りを楽しんでみてはいかがでしょうか。

2016年5月吉日

黒《くろ》田《だ》　涼《りょう》

（注）本文中、百マークは「名所江戸百景」掲載、図マークは「江戸名所図会」掲載、移マークは江戸市中から明治維新以降に移転した寺院です。
なお実際に歩くコースは、必ずしも街道に沿っているとは限りません。そこで地図上では、歩行ルートを赤、本来の街道を太い緑線で示しました。
コースごとの所要時間はおおよその目安です。見学時間や休憩時間は含みません。また、バス移動の区間については移動距離のキロ数を参考までに記しましたので、体力に自信のある方は歩く際の目安にしてください。

江戸の郊外を歩く◎目次

街道の表示は、東京23区内のものです。

本書で歩く16の街道

この地図の説明は、32ページをご覧ください。

本文デザイン・製作　森の印刷屋
地図製作　ユニオンマップ

コース 1

東海道

京浜急行・大森海岸駅 ▶ 京浜急行・六郷土手駅

大森海岸駅《おおもりかいがん》－京急蒲田駅《かまた》……………… 6.6キロ
雑色駅《ぞうしき》－六郷土手駅《ろくごうどて》……………………… 1.9キロ

歩行距離／計8.5キロ
所用時間／3時間30分

東海道は江戸と上方《かみがた》を結ぶ最重要街道で、人の往来も多い道でした。参勤交代の6割は東海道を利用したといい、名所も多い街道でした。品川宿の外れから多摩《たま》川を渡るまでの道筋をたどります。コースの中心は大田区です。海沿いは漁師町で、特に海苔《のり》養殖発祥の地でもあります。

大森海岸駅
笠島弁財天
❶磐井神社
磐井の井戸
❷美原通り
❸美原不動尊
❹大森神社
❺交差点
❻海難供養塔
❼大森海苔のふるさと館
❽するがや橋
❾分岐点
❿大森町駅入口
⓫病院角
⓬東海道常夜灯
⓭大森第三小学校
⓮貴船神社
⓯聖蹟蒲田梅屋敷公園
⓰椿神社
⓱円頓寺
大森西図書館
内川
するがや通り
大田区立大森東小学校
平和の森公園
梅屋敷駅
京急蒲田駅
平和島駅
大森町駅
昭和島駅
大鳥居駅
糀谷駅
大田区
競艇場
平和島公園
昭和島運動場
森ヶ崎公園
ふるさとの浜辺公園
西濃運輸
東京モノレール
貨物線
海老取川
呑川
産業道路
環八通り
京浜急行空港線
第一京浜
東邦大
東邦大医療センター
大田文化の森
東糀谷防災公園
萩中公園

このコースで歩くルートマップ

（ - - - - - - は、電車・バスでの移動ルート）

品川と川崎との中間点の休憩所

京浜急行・大森海岸駅で降ります。北には鈴《すず》ヶ森《がもり》刑場跡があり、そこが江戸の外《はず》れです。品川宿はその北で、実質的に江戸の一部でした。

駅の改札は一か所です。駅前の歩道橋を第一京浜・国道15号に沿って渡ります。横断歩道はありません。第一京浜沿いに川崎方面に向かって歩くと、まもなく右側に磐井《いわい》神社❶があります。

平安時代の記録に残る古い神社で、石で叩《たた》くと鈴の音がする「鈴石」があり、ここから地名が「鈴石森」となり、略されて「鈴森」「鈴ヶ森」となったと言います。社名も江戸時代は鈴森《すずがもり》八幡と言いました。

境内《けいだい》向かって左に笠島《かさじま》弁財天があり、東海七福神の一つです。ここが江戸名所図会《ずえ》の図「笠島」だと言います。図「礒馴松《そなれまつ》」はこの神社の神木で社前の浜辺に

小さな堀に囲まれた笠島弁財天

あったそうです。図会の挿絵でもわかりますが、江戸時代は東海道のすぐ裏が浜でした。

図「荒藺崎《あらいがさき》」もこのあたりを指したと言いますが、大森駅あたりにあった新井《あらい》宿のほうがふさわしいように思います。いずれも万葉集《まんようしゅう》に詠《よ》まれた地名で、もともとは関西近辺の地名を江戸近郊に当てはめたものです。「礒馴松」は神戸の須磨《すま》にもあります。

社前の歩道と車道の間に古い井戸跡があります。「磐井」と言い、これが現社名の由来です。古来霊水・薬水として有名で、心の正しい人が飲むと清水で、邪心があると塩辛くなるそうです。境内にありましたが、第一京浜・国道15号の拡張でこのような場所に取り残されました。

第一京浜沿いに南に進み、途中で左側に渡ってください。平和島《へいわじま》口交差点を過ぎる

歩道と車道に挟まれた「磐井」

と、左に一方通行出口の道が分かれていきます。これが旧東海道の美原《みはら》通り❷です。

第一京浜の工事は１９１８年（大正７年）に始まりますが、このあたりはすでに人家が密集した街があり、それを避けて国道は西側を通しました。街は北原《きたはら》・中原《なかはら》・南《みなみ》原《はら》と小字《こあざ》があり、まとめて三原と呼ばれま

美原通り入口に立つ旧東海道の碑

第一京浜（右）と旧東海道・美原通りの分岐点

したが今は「美原」と称しています。品川と川崎の中間の休憩場所として栄え、江戸時代から漁師町でした。美原通りに入ってすぐ左にある大森スポーツセンターの場所には1989年（平成元年）まで大森魚市場がありました。

進むと右角に戦後に建てられた美原不動尊❸があり、横道から右側を見ると、第一京浜を挟んだ向こう側に大森神社❹が見えます。大森神社は浜に流れ着いた神像を祭ったといい、江戸時代は寄来《よりき》明神として村の鎮守でした。

美原通りには海苔養殖の様子などが描かれた石のベンチもある

美原通りは煉瓦《れんが》風のタイルで歩きやすく、かつての海苔《のり》養殖の様子などを描いたタイルが埋め込まれた石のベンチや高《こう》札《さつ》風の歴史案内板があちこちにあります。店の看板も、木に筆文字の浮き彫りでそろえ、なかなかの風情です。環七通りを越えて少し行くと信号のある交差点があります❺。ここを左に進み、大森東小の手前の角を右に入ります。まもなく右手に石塀で囲まれた供養塔があります❻。1855年（安政2年）に立てられた海難供養塔で、台石に300人もの寄進者の名前が刻まれています。高さ2・3メートルと東京湾沿岸では屈指の大きさだそうで、江戸から今の神奈川あたりまで、武士や町人など幅広い階層の協力で立てられました。江戸時代この場所は、死者が流れ着く海辺だったのですね。

今も花が絶えない海難供養塔

小学校の角まで戻り、東海道には戻らず右に行きます。道なりに進み、都立美原高校グラウンドの角を右に入りましょう。進んで行った奥、平和の森公園の一角に「大森海苔のふるさと館」があります❼。

実はこのあたりは漁師町であるとともに、日本の海苔養殖の発祥地です。日本では古くから岩海苔を食べていましたが、江戸時代になって木の細かな枝に海苔の胞子を絡ませて増やす養殖法が編み出され、さらに紙のような今の板海苔が発明されました。いずれもこの大森で始まったようです。

明治までは海苔は江戸の特産品で、その中心は大森でしたが、商品名は「浅草海苔《あさくさ》」。これは最初に製品にして売ったのが浅草だった、板海苔が浅草の紙に似ていた、などの説があります。

「大森海苔のふるさと館」では、この大森海苔の歴史をわかりやすく学べます。また板海苔作りの体験などもできます。

江戸時代から明治時代にかけて使われた海苔養殖の道具

充実した展示の「大森海苔のふるさと館」

関東大震災で破損した東海道の常夜灯

美原通りまで戻りましょう。南に少し歩くと、川に赤い橋が架かっています❽。内川《うちかわ》に架かる「するがや橋」です。渡って左に行く道がありますが、これが羽《は》田道《ねだみち》、するがや通りです。すぐ左側に歌舞伎などに出てくる旅籠《はたご》「駿河屋」がありました。

そちらには行かずに直進すると道は第一京浜と、いわゆる産業道路の分岐点に出ます❾。この産業道路は、羽田道のバイパスとして造られた道です。第一京浜に入り、大森町駅入口交差点❿で駅の方に向かっていきます。駅を越えると商店街です。しばらく歩き、左のビル1階に医院のある角⓫を左に曲がります。すぐ右に小公園があり、隣には大田区立大森西図書館があります。

図書館の入口手前に大きな灯籠⓬が立っています。かつて近くの谷戸《やと》交番前にあっ

羽田道の分岐点にある木橋風の「するがや橋」

た東海道の常夜灯です。関東大震災で倒壊破損し、火《ひ》袋《ぶくろ》や竿《さお》の部分は復元ですが、台石に富士山が刻まれ富士講の寄進とわかります。1800年頃のものだそうです。

曲がってきた道をそのまま進み大森第三小⑬の次の角を左です。京急線を越えると左手の第一京浜沿いに谷戸交番があり、うしろに閻魔《えんま》堂《どう》や貴船《きふね》神社⑭があります。

第一京浜沿いに南へ進むと、右手に百図「聖蹟蒲《かま》田《た》梅屋敷公園」⑮があります。この地で道中薬（旅に携行する万能薬）の和中散《わちゅうさん》を商っていた山本《やまもと》家が、文政年間（1820年代）に周囲の梅の古木を集めて梅園を造りました。近辺は梅の実を取るための梅の産地でした。江戸時代後期には亀戸《かめいど》と並ぶ梅の

富士山の絵がデザインされた東海道常夜灯

行幸記念碑の立つ蒲田梅屋敷公園

名所になっていました。

この梅園が「聖蹟」と呼ばれるようになったのは、明治天皇が維新後9回も訪れたからです。よっぽど気に入ったのですね。かつては1万平方メートルほどもあったそうですが今はかなり狭くなり、近々第一京浜の拡幅でさらに半分ほどになってしまうそうで、残念です。

公園の南角を右に曲がり京浜急行の高架をくぐると、前方の左角に小さな神社があります。椿《つばき》神社⑯と言います。元は道祖《どうそ》神だったらしく、さらにはお線香を供《そな》えるなど神仏習合の風俗があった神社です。のどの病気になったら神社で借りた麻を首に巻き、治ったら新しい麻を奉納する風習がありました。

神社の角を左に曲がるとまもなく右手に図円頓寺《えんとんじ》の山門⑰。ここには後北条《ごほうじょう》氏配下でこのあたりを支配した行方《なめかた》氏の館《やかた》があったといい、最後の当主直清《なおきよ》

変わった風習のあった椿神社

の供養塔があります。

さらにすぐ先に見える薭田《ひえた》神社は平安時代の記録に残る古社です。1800年（寛政12年）に建てられた石鳥居には「蒲田井郷《ほたい》」と「蒲田」の古名が書かれています。神社の名は「蒲」が「薭」の字に転じたものといいます。

神社前の道を進むと京急蒲田駅方面へ通じる太い道に出ます。左折して呑川《のみかわ》を渡り、すぐの信号をまた左折します。駅手前で左側に図蒲田八幡神社と図妙安寺《みょうあんじ》⓲が並んでいます。寺は行方一族の妙安尼の開基で、山号も行方山《なめかたさん》といいます。

このまま第一京浜沿いに南下してもいいのですが、交通量の多い国道脇で見るものもないの

1000年の歴史を持つ薭田神社

で、京急蒲田駅から雑色《ぞうしき》駅まで電車で行きましょう。

多摩《たま》川を渡る「六郷《ろくごう》の渡し」跡

雑色駅から、しばらく第一京浜沿いを南に歩くと左手に図六郷《ろくごう》神社の参道⑲が現われます。源 頼義《みなもとのよりよし》・義家《よしいえ》父子が前《ぜん》九年の役の際、大杉に旗を掲げて軍勢を集め、勝利ののち神社を作ったと言います。杉は最近までありましたが、今は切り株が残るだけです。

子孫の源頼朝《よりとも》も安房《あわ》から鎌倉に攻め上る際立ち寄り、のちに社殿を造営したそうですが、なんと頼朝寄進という手水《ちょうず》石が残っています。また表参道に架かる石橋は梶原景時《かじわらかげとき》寄進だそうです。本当でしょうか。

境内には八幡塚という塚があり、先に出て来た行方氏の八幡塚砦《とりで》があったそうです。最近まで境内の周囲には堀が巡ら

源頼朝の寄進という手水石

梶原景時寄進という石橋

されており、いかにも砦《とりで》のようです。また江戸時代のこのあたりの村名は八幡塚村でした。

神社に入った道は脇参道なので、表参道から出ましょう。右に向かって第一京浜に戻りますが、側道のような道が並行して続いています。これが旧東海道です。まっすぐ行くと六郷橋北詰の交差点に旧東海道の石柱があり、側面に「六郷の渡し跡へ」と書かれています⑳。

さらに先を右折し、六郷土手交差点の第一京浜の下をくぐる道に、江戸時代の多摩川の堤防がありました。京急の六郷土手駅側に抜けると左手に宮本台緑地㉑があります。ループ高架下の狭い入口から中に入れます。ここには１９２５年（大正14年）に架けられた

六郷神社前の細い旧東海道が、第一京浜（右）とほぼ並行して走る

都内の旧東海道、最後の案内石柱

旧六郷橋の橋門と親柱《おやばしら》が保存されています。この橋を１９８４年（昭和59年）に解体する際には、事故で５名の死者が出ており、その名も刻まれています。

現在の橋は１９８７年（昭和62年）に完成しました。江戸時代の初期には木橋がありましたが、洪水で流されてからは江戸時代は渡し船を使っていました。

堤防跡の道に戻り、先の細い道を左に入ります。現在の堤防手前に北野天神（止《と》め天神）㉒があり、その入口に「六郷の渡し」の解説板があります。実際の渡しは六郷橋の反対側にあったようです。

止め天神は8代将軍吉宗《よしむね》が落馬しそうになった際、その加護で助かったとの伝説からつけられた名で、最近では「落馬しない」「落ちない」「試験合格」の御利益を期待して訪れる人が多いと言います。

多摩川堤防すぐ下にある北野天神

旧六郷橋の橋門と親柱

堤防跡の道に戻り、左に行くと京浜急行・六郷土手駅はすぐです。

●周辺のその他の見どころ

穴守稲荷《あなもり》（大田区羽田5–2–7）

現在の羽田空港西側は、江戸時代から開発が進んだ新田《しんでん》で、多くの住民が住んでいました。穴守稲荷もその新田を囲む堤防を守る社として作られたものですが、敗戦直後の1945年9月21日、米軍は突然穴守稲荷を含む新田全域を軍用飛行場にするとして、住民に48時間以内に退去するよう通告しました。3000人とも言う住民は着の身着のまま近隣に転居し、穴守稲荷もこの時現在地に移ります。

ここは「招福砂」で有名です。江戸時代、穴守稲荷に出たいたずら狐を許してやった老漁師が以降大漁に恵まれ、さらに魚と一緒に取れた砂を庭にまくと、いっそう富に恵まれた、という伝説に基づく風習です。奥の院にある砂を持ち帰って家にまくと幸運が訪れると言います。京浜急行・穴守稲荷駅から徒歩3分。

玉川弁財天《たまがわべんざいてん》（大田区羽田6－13－8）百 図 移

もともとは今の羽田空港の西南端あたりにあり、要島《かなめじま》弁財天として古くから有名でした。空港あたりの洲《す》を要島と言ったのです。しかし、こちらも穴守稲荷同様、飛行場建設のため強制立ち退きとなり、現在地に移転しました。多摩川堤防の道から階段を下って入る珍しい位置です。東京モノレール・天空橋《てんくうばし》駅徒歩8分。

少し上流の首都高の橋の脇に「羽田の渡し」の碑もあります。

宝幢院《ほうどういん》（大田区西六郷2－52－1）㉓ 図

平安時代末期の創建という古寺。江戸名所図会では大綱山光明寺《たいこうざんこうみょうじ》。かつては川崎大師も末寺だったといいます。1681年（延宝9年）に地元で鋳造されたという銘を持つ鐘や、1643年（寛永20年）に作られた大田区内最古の手水石《ちょうずいし》などがあります。京浜急行・雑色駅から徒歩12分。

古川《ふるかわ》薬師安養寺《あんようじ》（大田区西六郷2-33-10）㉔ 図

宝幢院から3分ほどの多摩川堤防沿いにあります。江戸時代は江戸市民の信仰を集め賑《にぎ》わいました。東海道の安養寺への分岐点にあった江戸初期の道標が移されて残っています。乳の出が悪い人が巨大なイチョウの木に祈ると御利益があったといい、2代目のイチョウが残っています。今も元禄期に作られた多数の仏像があります。

コラム

江戸周辺の街道

江戸時代以前と以後では、江戸周辺の街道の様子は一変します。そして江戸時代の街道の構造は、基本的に現代に引き継がれています。

江戸時代以前は、今の都心・江戸城あたりは通過点でしかありません。街道は府中《ふちゅう》や鎌倉《かまくら》を中心に造られていました。徳川家康《とくがわいえやす》が江戸に入ると、五街道をはじめ、多くの道が江戸城とその城下町を中心に作り替えられます。

10、11ページの地図は、本書の各コースで取り上げた街道です。赤が五街道、オレンジは脇《わき》街道、緑はその他の街道です。見事に江戸から放射状に延びています。そしてその多くが今も新しい車道に引き継がれ、幹線になっています。現代と違うのは郊外の環状道路です。

大名の参勤交代は通る街道が指定されており、基本的に五街道を使いました。脇街道の多くは産業道路であり、庶民の旅の道です。その他の道は江戸を支える郊外農村と江戸を結ぶ、現代の通勤電車の路線のようなものでした。

コース2

池上道《いけがみみち》

JR大井町駅 ▶ 東急多摩川線・沼部駅

歩行距離／計11.9キロ
所用時間／4時間30分

池上道《いけがみみち》は東海道を品川から分かれ、池上本門寺《ほんもんじ》の門前を通り、多摩川を渡る丸子《まるこ》の渡しまで続く道です。江戸時代は本門寺参詣の道でしたが、実はそれ以前から重要な道で、鎌倉街道、古代の東海道とも言われる古道です。

下神明駅
豊葉の学園
青稜高·中
東京総合
車両センター
横須賀線
二葉(二)
二葉(一)
品川区役所
西大井駅
東急大井町線
品川区
大井(二)
西大井(一)
小野学園
女子高·中·小
❹庚申堂
大井(一)
大井町駅
❽区立品川歴史館
伊藤学園
山中小
❶三つ叉身代地蔵尊
大井町駅
大井(三)
❷最初の角
東大井(五)
大井(四)
りんかい線
総合区民会館
大井(五)
大井署
品川局
池上道
❸作守稲荷
東大井(四)
❾鹿嶋神社
大井第一小
京浜東北線
東大井(三)
庚申堂
立会小
大井(六)
❹西光寺
鮫洲駅
大井署
浜川中
❺光福寺
南大井(五)
浜川小
立会川
南大井(四)
鮫浜小
❻水神社
立会川駅
勝島運河
鈴ケ森小
京浜急行本線
❼来迎院
大井(六)
南大井(一)
南大井(三)
勝島(一)
鈴ケ森中
警視庁
第二方面本部
❿大森貝塚遺跡庭園
勝島(二)
東京モノレール
しながわ水族館
大井競馬場
大井競馬場前駅
勝島橋
勝島南運河

このコースで歩くルートマップ（その1）

（－－－－－－ は、電車・バスでの移動ルート）

「古代の東海道」ともいわれる歴史の道

近年の再開発ですっかり面目を一新した大井町駅中央口の西側から出発します。池上道《いけがみみち》は品川からゼームズ坂を登り、大井町駅のあたりを通っていましたが、ほかにもいくつか道筋があったようです。左手に見える阪急大井町ガーデン裏側へ回り込みます。この道が池上道です。

駅前とは対照的な静かな町並みの中、登り坂になります。登りが終わりに近づく頃、右側に庚申塔《こうしんとう》などが並ぶお堂があります。ここは昔は納経塚などと呼ばれ、源頼朝《みなもとのよりとも》が戦《いくさ》で亡くなった者の供養のために経典を埋めた塚と言われてきました。

また500年ほど前にこのあたりを高名な僧が通りかかると、土の中からお経が聞こえ、掘ってみると、行方不明になっていた近くの来福寺《らいふくじ》本尊の地蔵が見つかり、寺に戻されました。来福寺には今も経読《きようよみ》地蔵として安

ここにあった塚の中から読経が聞こえたという

置されています。

間もなく現代の池上通りにぶつかりますが、その少し手前の角に三《み》つ叉《また》身代地蔵尊❶があります。実は先ほどの塚からは2体の地蔵が見つかり、1体はここに置かれました。戦災で焼けたため、現在の像は戦後の再建です。お堂のある三叉路は品川から池上道につながる道の合流点で、お堂脇の通りは商店街として賑わっています。

目の前の歩道橋を渡って池上通り沿いに南へ進み、池上道と分かれて最初の角❷を左に入って進むとまもなく鋭角な三角形の敷地に作守《さくもり》稲荷❸があります。このあたりは幕末まで鹿児島藩島津《しまづ》家の抱《かかえ》屋敷があり、その邸内社を譲り受けたものだと言います。

道なりに進み、最初の小さな十字路を右に行くと図西光《さいこう》寺《じ》❹です。鎌倉時代の創建で、ここには江戸時代から醍醐《だいご》桜

鎌倉時代創建の西光寺

商店街のシンボルにもなっている三つ叉身代地蔵尊

という名木がありましたが明治の火災で焼けてしまいました。境内には図会の挿絵にも名がある「兒桜《ちござくら》」があります。

　門前の道を進むとやがて図光福寺❺です。図会では弘福寺となっています。山門を入ると圧倒されるのが巨大なイチョウの木です。幹回り６・４メートル高さ40メートルで、樹齢８００年と推定され、23区内でも有数の巨木です。寺は鎌倉時代の創建といい、イチョウは都内最大の麻布《あざぶ》・善福寺《ぜんぷくじ》のイチョウの枝を植えたものといいます。奥の墓地内には「大井」と呼ばれる横穴式の井戸があり、これが周囲の地名の起こりだとも言います。

大きな足乳根がたくさん下がる光福寺のイチョウ

　山門を出てまっすぐ線路際まで進みます。線路沿いに右に曲がり、線路下をくぐる車道があるところで降りて、線路の向こうへ行きます。すぐ左手角に水《すい》神社❻があります。江戸時代の初期に九頭竜《くずりゅう》権現として作られたもので、農業用水として使われていたこの地の湧水を守る社でした。湧水は1970年代までは出ていたそうですが、今は小さな池が残るだけです。このあたりは台地の縁なので、いい水が出たようで、その台地に沿って東海道線が通っています。

二つある大森貝塚の「跡地」

線路をくぐる道を戻って坂を登ると、右側に庚申堂、左側に図来迎院《らいごう》7があります。元は同じ敷地でしたが、道路を通すために分断されてしまいました。1656年（明暦2年）、1659年（万治2年）と、古い時代の念仏講の地蔵像があります。また来迎院は将軍家光《いえみつ》の鷹狩りの休憩

地名の起こりともいう「大井」

今はポンプアップになってしまった水神社の湧水

たくさんの庚申塔、供養塔が並ぶ来迎院

所が設けられ、江戸時代以降の文書が残されていることで知られています。

まっすぐ行くと再び池上通りに戻ります。右角は区立の品川歴史館❽です。安田《やすだ》財閥一族の安田善助《ぜんすけ》氏の邸宅でしたが、その後企業の手を経《へ》て博物館になりました。大森貝塚や品川宿などの展示を模型や資料で見ることができます。館内にはかつての茶室や、開館時の工事で出て来た遺跡などもあります。

木彫りが見事な鹿嶋神社の旧社殿

さて池上通りを左に行くとすぐ左手に図鹿嶋《かしま》神社❾があります。平安時代の創建といい旧大井村の総鎮守です。立派な現本殿の右奥にある旧本殿は１８６２年（文久2年）のもので、彫刻が見事です。

池上通りをさらに南下するとすぐ左に大森貝塚遺跡庭園❿が整備され、発掘された貝塚の層などを見ることができます。大森貝塚は国の史跡で、発掘物の多くは国の重要文化財になっています。

しかしすぐ先の大田区内にも「大森貝墟」という碑が線路際にあります。実は1877年（明治10年）に発掘したモース博士が詳細な所在地を記録しなかったため、碑が立った昭和の初め頃には正確な所在地がわからなくなっていました。近年の調査で、モース博士の発掘地は品川区側だったことが明らかになっています。

大田区側の大森貝墟跡向かいには、大森不動圓能寺《えんのうじ》⓫と日枝《ひえ》神社があります。日枝神社境内には、近くの池上道脇にあった道標を兼ねた庚申塔が残されています。神社の旧称の「山王《さんのう》権現」があたりの地名の由来です。

日枝神社入口すぐ先の道路際、歯科医院などがあるビル前には、「中世道路跡発見の地」との案内板⓬が立っています。江戸時代の池上道は、このあたりではほぼ現在の池上通りと同じだったようですが、ビルの建設工事の際、さらに古い室町時代の道路跡が見つか

品川区側の大森貝塚記念碑

このビルの下から中世の道の路面が見つかった

りました。道路下からは奈良時代の土器なども見つかり、古代の東海道がここを通っていた可能性もあります。

江戸時代の東海道は海岸沿いの平坦な道を直線に近く造られていますが、それ以前は護岸などをきちんと造ることができず、台地の尾根を通る池上道が江戸に通じる東海道の一つだったようです。

天祖神社の急階段。かつては前の八景坂も難所だった

「新井《あらい》宿《じゆく》義民六人衆」の墓所

ここからは大森駅はすぐです。大森駅前の坂を八景坂《はっけいざか》(百)と言います。今は切り通しになって少し緩くなっていますがかつてはさらに急坂で、さまざまな方角の八つの景色を眺められたということで、この名がつきました。

駅前の急階段を登る天祖《てんそ》神社⑬には、奥州に向かう源義家《よしいえ》が鎧《よろい》を掛けたという大きな松がありましたが明治頃に枯れてしまいました。神社周囲には馬込《まごめ》文士村に集《つど》った文学者たちのレリーフが飾られています。馬込文士村とは、大正から昭和にかけて、尾崎士郎《おざきしろう》、川端康成《かわばたやすなり》ら多数の文学者たちがこの西の馬込村一帯に住んだことから名付けられたものです。

池上通りをさらに下ります。右手に闇坂《くらやみざか》という明治期にできた八景園という遊園地に続く坂道があります。その次の右に入る道の奥右側に図薬師堂⑭があります。

かつては江戸時代の地元の領主、旗本木原《きはら》氏の菩提寺の桃雲寺《とううんじ》として栄えましたが、明治維新後、別の寺と合併して廃寺となりました。今は江戸初期に寺を再興した記念碑と富士講の碑が残っています。この木原氏は元鈴木氏と言いますが、大工の

今は住民の集会施設になっている薬師堂

馬込文士村に住んだ文化人たちのレリーフ

家で、浜松城築城などで名を挙げ、江戸城天守普請《ふしん》などでも棟梁《とうりよう》を務めた家柄です。

池上通りに戻り大森郵便局前まで行くと、右手の道の奥に寺の山門があります。鎌倉時代の創建という善慶寺《ぜんけいじ》⑮です。ここには先の領主木原氏の年貢取り立てに抵抗し、1677年（延宝5年）幕府に直訴《じきそ》を試みて木原氏に捕まり斬首された6人が「新井宿《あらいじゆく》義民六人衆」として葬《ほうむ》られています。

新井宿義民の墓。明治になって表に向けられるようになった

江戸時代は表だって供養できなかったため、墓石の表は別人の名で、左右や裏に名前を書き、正面の花立てと水入れに水を注ぐと、左右と裏にも回るよう穴が開けてあるという涙ぐましい工夫がされています。今は義民の名が正面に来るように置かれています。

境内の裏から丘の上の熊野《くまの》神社⑯に登れます。この神社の本殿は、日光東照宮の造営を指揮した大工頭木原氏が、余った材木を譲り受け建てたものだと言います。あたりは古代から住みやすかったらしく、旧石器時代から縄文、弥生、古墳と各時代の遺跡が見つかっています。

関東最古の五重塔

池上通りに戻って先へ行きましょう。周辺はかつて新井宿といい、江戸期に東海道ができる前は宿場として栄えたようです。大森山王病院前で右に入る道が旧道です。環七を渡ると角に春日《かすが》神社⑰があり、その先大森赤十字病院手前の角に「いにしへの東海道」「出土橋跡」という碑⑱があります。左右の道は内川の川跡です。

どんどん道なりに進んでいき、呑川《のみかわ》に架かる浄国橋《じょうこくばし》⑲の手前で川べりを右に入ります。このあたりから図池上本門寺《ほんもんじ》とその子院巡りとなります。鎌倉時代、この地にあった池上宗仲《むねなか》の館で日蓮《にちれん》は亡くなります。そこに日蓮の御影像を安置し本門寺としました。宗仲は広大な敷地を寄進し、以来本門寺はこの地にあります。

池上道沿いに何カ所か並ぶ「いにしへの東海道」碑

⑯熊野神社
⑮善慶寺
⑰春日神社
⑱「いにしえの東海道」碑
㉓加藤清正供養塔
㉕大坊本行寺
多宝塔
㉔本門寺本堂入口
大堂
㉒五重塔
㉑万両塚
㉖本門寺総門
池上道
⑲浄国橋
⑳照栄院
妙見堂
㉗六郷用水あとの道
大田区
西馬込駅
大田郷土博物館
都営浅草線
第二京浜
環七通り
京浜東北線
池上通り
池上駅
蓮沼駅
蒲田駅
矢口渡駅
大田区役所
呑川
本門寺
池上小
大森第四中
大森第三中
赤十字
大田文化の森
入新井第二小
入新井第四小
大森税務署
池上第二小
池上局
池上総合
大森高
蓮沼中
おなづか小
徳持小
安方中
相生小
日本工学院
東京蒲田
蒲田中
蒲田小
矢口東小
御園中
東京実業高
区民ホール
馬込第二小
馬込中
梅田小
大森第十中
松井

このコースで歩くルートマップ（その２）

川べりに進むと照栄院《しょうえいいん》⑳という子院があり、脇の道に入ると妙見堂《みょうけんどう》に続く急階段が見えます。ここは加藤清正《かとうきよまさ》の娘で紀州藩祖の徳川頼宣《とくがわよりのぶ》の正室、瑤林院《ようりんいん》が納めた妙見大菩薩があります。瑤林院は父清正同様熱心な日蓮宗信者で、この影響もあり本門寺は紀州徳川家の菩提寺となります。

妙見堂裏手に出ると右手に空堀で囲まれた大きなお墓があります。通称「万両塚」㉑と呼ばれていますが、ここは徳川頼宣の子で（瑤林院の実子ではない）、鳥取藩池田《いけだ》家初代藩主・池田光仲《みつなか》正室の芳心院《ほうしんいん》の墓です。池田家は徳川家の親戚同様の扱いをされましたが、それはこの芳心院が徳川家康《いえやす》の孫で、池田家当主が家康の血縁となったからです。墓は近年整備された際発掘され、弥生時代の集落跡、古墳の上に立てられた複合遺跡であることが

妙見堂への目もくらむような急階段

美しく整備された万両塚

明らかになりました。その住居跡や出土物も展示され、土地の変遷がわかりやすく解説されています。

万両塚を背に本門寺へ向かうと、五重塔㉒が目に入ります。1608年（慶長13年）に立てられた関東最古の五重塔で、国の重要文化財です。あたりは多数の著名人が眠る墓地となっています。

池上本門寺の境内をゆく

広い道を境内に進みます。左手に仁王門が見え、正面の鐘楼奥に日樹《にちじゅ》上人五輪塔、その右手霊宝殿裏に加藤清正供養塔㉓があります。瑤林院が立てたものです。仁王門

都内では貴重になってしまった五重塔

熱心な日蓮宗信者だったという加藤清正の供養塔

と反対側には日蓮上人像がある大堂《たいどう》が現われます。戦災で焼け、戦後の再建です。左奥には江戸時代に建てられた経蔵《きょうぞう》があります。

大堂と経蔵の間を抜け、紅葉坂《もみじざか》を渡ると本堂入口㉔です。ここで左に向かい、車道を横切ると大坊《だいぼう》坂階段の下りです。途中右手に、日蓮を火葬した跡の多宝塔があります。江戸末期の建立で国の重要文化財です。その奥に紀州徳川家の墓地があります。

坂を下りきった右側が大坊本行寺《ほんぎょうじ》㉕で、池上光仲の居館跡、すなわち日蓮が亡くなった場所です。亡くなった場所には

日蓮像が置かれている大堂

江戸時代から残る数少ない建物の経蔵

日蓮を荼毘に付した跡地に立つ多宝塔は国の重要文化財

「ご臨終の間」があり、最後の法話の際日蓮が寄りかかった柱が残され、いつでも入ることができます。境内には日蓮が亡くなる際に時ならぬ花を咲かせたお会式《えしき》桜など多くの見どころがあります。

本堂左手から出て左に曲がり、道なりに進んでいくと総門㉖に出ます。元禄年間のもので、扁額の書は本《ほん》阿《あ》弥《み》光悦《こうえつ》です（複製、実物は霊宝殿内）。本来はこの上の石段を登って参拝します。石段は加藤清正の寄進です。

総門から続く道を南に進み、呑川を渡った先、左右に走るのが池上道です。右に行きましょう。池上警察署の脇を通り、第二京浜・国道1号を直進したいのですが、少し離れた横断歩道を回り込みます。このあたりの道は江戸時代初期に掘られた農業用水、六郷《ろくごう》用水に沿った道㉗になります。

六郷用水は今の狛江《こまえ》市の多摩川を水源とし、大田区まで23

本門寺の入口である総門

六郷用水あとの道

キロにわたって引かれた農業用水で、1597年（慶長2年）から14年かけて完成しました。大田区は平地でしたが利用できる水がなく田畑は少なかったのですが、この用水のおかげで1500ヘクタールもが水田になりました。江戸時代の収量は現代の半分ぐらいですが、おそらく2万石ぐらいの収穫になったでしょう。小さな大名家が一つ生まれるぐらいの成果をこの用水は上げたわけです。江戸時代初期は、このような用水、そして新田《しんでん》が全国各地に作られて、米の生産量と人口が飛躍的に増えました。

その先、千鳥《ちどり》いこい公園の脇の道は人しか歩けない道です。千鳥町駅横で東急池上線を横切り、左手の大きなマンションを過ぎるとまもなく環八です。環八沿いに右に行くとすぐに右に入る路地があります。奥まで行くと左手に家庭菜園のような場所があり、奥に大きなシイの木があり、根元に小さな祠があります。ここは近くの矢口渡《やぐちのわたし》で憤死した南北朝時代の武将、新田義《にったよし》

新田義興の灰塚と伝わる塚

興《おき》（義貞《よしさだ》の子）を荼毘《だび》に付した灰を埋めた、あるいは義興のたたりで焼き払われた灰を納めた、などといわれる灰塚㉘で、下はこんもりと盛り上がり、中世の塚のようです。

池上道は環八を渡り、三叉路に出てまた右に折り返します。角に1851年（嘉永4年）建立の光明寺《こうみょうじ》への道標が立ちます。また環八にぶつかったところを左に行くと図光明寺㉙があります。鎌倉時代の板碑《いたび》が1000枚以上も出土したという全国的にも珍しいお寺です。境内奥に荒塚という古墳が残されています。伝説では新田義興をだまして殺した江戸遠江守《とおとうみのかみ》がたたりで憤死して葬られた墓と言われてきました。

実は荒塚古墳は二つあり、一つは隣り合う環八の工事の際なくなりましたが1基は残され、調査

光明寺内に残る古墳、荒塚

の結果古墳と確認されました。また寺の南には細長い池が残りますが。これは多摩川の古い流路跡です。

環八の交差点まで戻って渡り、向かい側真ん中の細い坂を登ります。左の平坦な道が六郷用水跡です。坂はぬめり坂と言い、坂と用水に挟まれた土地に藤森《ふじもり》稲荷があり、さらに少し登った三叉路を左側に進むと、道なり右側に鵜《う》ノ木《き》八幡㉚があります。敷地角には庚申塔があり、境内には元禄銘の灯籠もあります。社前の道は鎌倉街道だと言います。

さらに進むとやがて環八に合流しますが、右角には白山《はくさん》神社㉛があり、境内に樹齢600年という見事なタブノキがあります。白山神社前の信号を渡り坂を下っていきます。谷底の道が六郷用水跡の道です。右に進み、次の三叉路を右に行くと、江戸時代は嶺《みね》の薬師と言われた図観蔵院《かんぞういん》㉜です。有名な三河の峯《みね》の薬師を移したものです。

三叉路に戻り、切り通しになった道が女堀といい、六郷用水の難工事区間でした。

白山神社の見事なタブノキの巨木

江戸時代の初期に、自然の地形から7メートル以上も掘り下げて水を通しました。

切り通しを抜けて右に行くと、路面にカラフルな落ち葉模様が埋め込まれたり、路傍に水路が設けられたり、六郷用水跡を彩る楽しげな道㉝です。1661年（寛文元年）に作られた、大田区内最古の庚申塔《こうしんとう》のある密蔵院《みつぞういん》㉞を過ぎ、新幹線の高架をくぐるとまもなく左手に東急多摩川線・沼部《ぬまべ》駅です。

さまざまな仕掛けがある旧六郷用水沿いの道

●周辺のその他の見どころ

養玉院如来寺《ようぎょくいんにょらいじ》（品川区西大井5−22−25）㉟ 移

養玉院と如来寺の二つのお寺が合併してできたお寺。如来寺は高輪《たかなわ》に江戸初期に創建され、1908年（明治41年）に現在地に移転しました。養玉院は寛永寺《かんえいじ》子院として創建され、江戸時代に下谷《したや》に移ります。その後大正時代に如来寺の隣に移転し、1926年（大正15年）に合併しました。如来寺の本尊は像高3メートルにもなる五智《ごち》如来5体で、高輪時代から有名です。養玉院由来では墓地に対馬《つしま》藩宗《そう》家の墓地があります。JR西大井駅徒歩10分。

コース3

中《なか》原《はら》街道

JR五反田駅 ▶ 東急多摩川線・沼部駅

五反田駅－旗の台駅 …………………… 4.1キロ
洗足池駅－洗足池駅 …………………… 1.2キロ
雪が谷大塚駅－沼部駅 ………………… 2.5キロ

歩行距離／計7.8キロ
所用時間／3時間30分

中原《なかはら》街道は江戸時代以前からある道で、東海道が江戸時代に海沿いに移される以前、室町時代まではこちらが東海道だったと言われています。東海道の脇街道の役割を果たすと同時に、近郊農村の産物を江戸に運ぶ道でした。コースは品川区から大田区の西をたどります。

五反田駅
大崎橋
❷子別れ地蔵
❸星薬科大学
薬用植物園
❶旧中原街道
❹庚申塔群
庚申塔・供養塔群
平塚橋交差点
⑯戸越八幡
品川区
⑰戸越公園
おひさま公園
⑦旗岡八幡
源氏前小学校
源氏前公園
品川区役所
不動前駅
大崎広小路駅
大崎駅
戸越銀座駅
戸越駅
荏原中延駅
戸越公園駅
下神明駅
中延駅
荏原町駅
西大井駅
清泉女子大
日野学園
御殿山小
立正大
大崎署
芳水小
大崎中
三木小
京陽小
荏原署
荏原税務署
中延小
宮前小
戸越小
大崎高
日本音楽高
青稜高・中
大原小
豊葉の学園
上神明小
山中小
小野学園
女子高・中・小
伊藤学園
朋優学院高
伊藤小
馬込第三小
延山小
文教大附属高・中
第四日野小
第一日野小
後地小
荏原第一中
荏原平塚
学園
戸越台中
山手通り
東急目黒線
都営浅草線
東急池上線
東急大井町線
第二京浜
横須賀線
東海道新幹線
りんかい線
山手線
目黒川
N
0
500m

このコースで歩くルートマップ（その1）

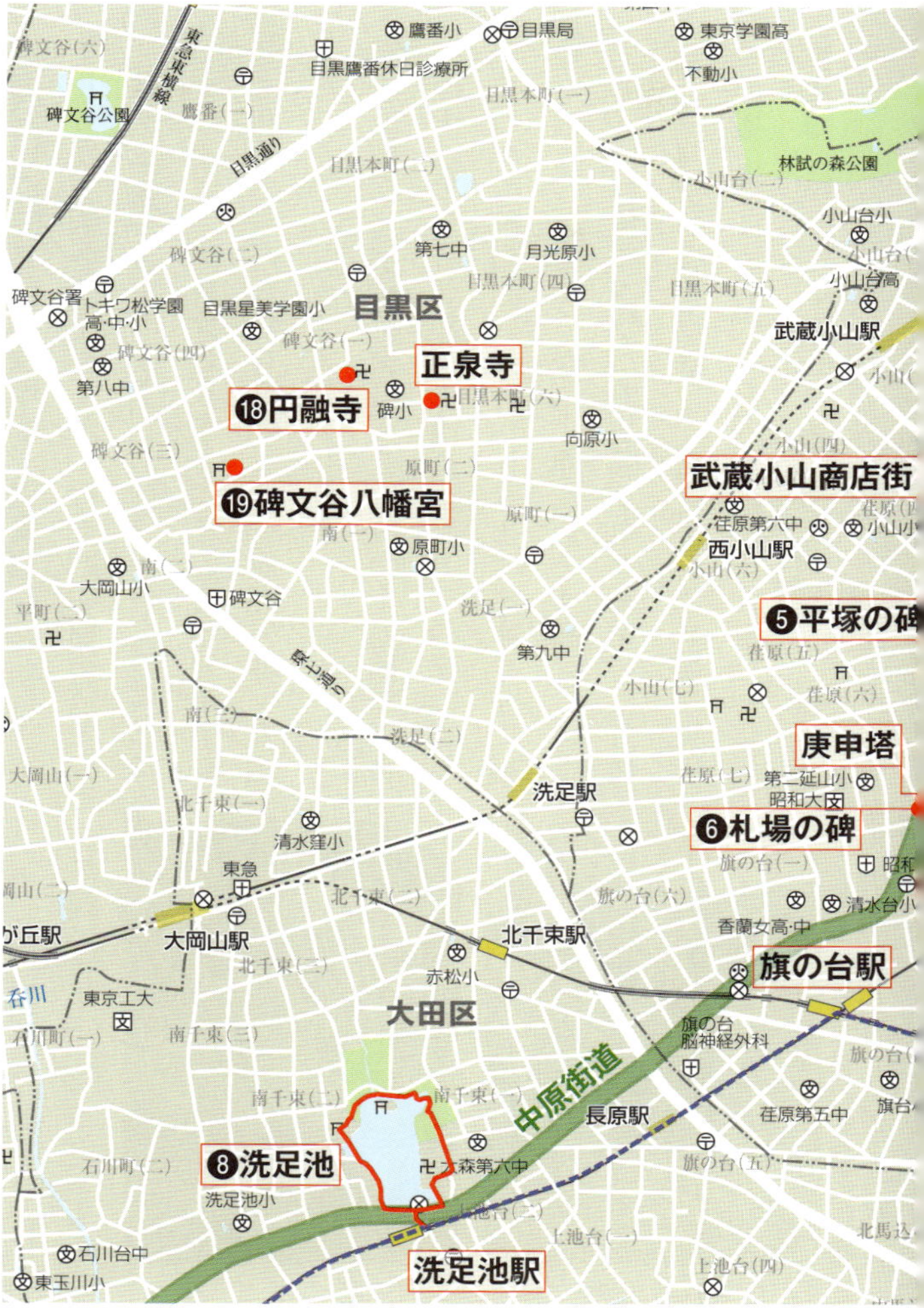

（- - - - - - - - は、電車・バスでの移動ルート）

街道沿いに立ち並ぶ庚申塔《こうしんとう》、供養塔

ＪＲ五反田《ごたんだ》駅西口を出て左に行くと中原《なかはら》街道です。大崎《おおさき》橋で目黒川を渡り、まもなく大崎広小路交差点ですが、緑地帯など妙に広くなっています。関東大震災まで、ここで中原街道が鉤《かぎ》状に曲がっていたのを拡幅して、無理矢理一直線にしたのでこのようになりました。

国道１号とＸ字状に交差する場所の歩道橋で、右側の巨大なＴＯＣビル側に渡ります。その先の交差点を渡って首都高沿いに右へ行きます。すぐ左に細い道があり、ここからが旧中原街道です❶。

二つ目の右角に古びた地蔵像があります。１７２７年（享保12年）に立てられた子別れ地蔵❷です。右手の奥には江戸時代から火葬場だった桐ケ谷《きりがや》斎場がありますが、子に先立たれた親が見送った場所だ

子別れ地蔵

子別れ地蔵近くの庚申塔群

といいます。信号の先左手にも、供養塔が立ち並びます。1963年（昭和38年）の区画整理までは少し北にありました。大きな地蔵像は江戸中期、一番古い観音像は17世紀末に立てられました。

しばらく道なりに旧中原街道を行きます。途中右にイチョウ並木の美しい星薬科大学❸があります。だれでも入れる薬用植物園があり、1924年（大正13年）完成の本館は名建築として有名です。その先、区の保健センター裏にもたくさんの供養塔が並んでいます❹。庚申塔《こうしんとう》や地蔵などさまざまで、周囲から集められたものです。年代のわかるものでは、1662年（寛文2年）の墓碑があります。

現在の中原街道と合流すると、右手に

星薬科大学を創設した星一像と背後が本館。星一はSF作家星新一の父

旧中原街道沿いにはこうした庚申塔、供養塔が多い

アーケードで有名な武蔵小山商店街が見えます。直進して、その先に平塚橋交差点。渡って少し歩き、右手のファミレスの先に細い路地があるので入ってすぐ左奥に行きます。鳥居があり碑が立っています。「平塚の碑」❺と言い、この地に大きな塚があったことを記念したものです。この塚が地名の「平塚」の起こりです。

荏原《えばら》警察署を見て下っていくと右に大きなイチョウの木があり、下にお堂が見えます。中に１６６５年（寛文５年）銘の庚申塔がありますが、当時は周囲が日蓮宗信者ばかりだったので、髭題目《ひげだいもく》を彫った特徴ある庚申塔です。道の向かいには「札場の跡」との石碑もあります❻。幕府の法令を示す高札場《こうさつば》があったそうです。裏には木霊《こだま》稲荷があり、室町時代の創建といいます。

ここの信号で左に渡り、側道のような旧街道

（右）入り組んだ住宅の奥にひっそりと立つ平塚の碑
（左）中原街道の高札場跡の碑

に入ります。旧街道が大きく曲がる手前の三叉路を左に入り昭和大学の記念館前を通ります。東急池上線を越え、西中延三丁目交差点まで行き右折します。少し歩くと右手に図旗岡《はたがおか》八幡⑦があります。

平安時代に源《みなもとの》頼信《よりのぶ》（義家《よしいえ》の祖父）が戦勝祈願した場所と言われ、それが「旗が岡」の地名の起こりだと言います。鎌倉時代に領主の荏原氏が、この地に館と八幡社の社殿を建てたのが神社の始まりです。近くには「源氏前《げんじまえ》小学校」「源氏前公園」などもあります。旗《はた》の台《だい》駅も昔は「旗ヶ岡」駅でした。

湧水を堰《せ》き止めた洗足池《せんぞくいけ》

神社前の坂は鎌倉街道だったそうです。荏原町の駅まで下り、東急大井町線に乗って旗の台駅で乗り換え、池上線の洗足池《せんぞくいけ》駅まで行きましょう。駅前の歩道橋で中原街道を越えるとこのコースの目玉の百図洗足池⑧は目の前です。一周します。

洗足池は、江戸時代以前に湧水を堰《せ》き止めて作られた溜め池です。よく日蓮が足を洗ったので「洗足」とついた、と言いますが、周囲の地名は千束《せんぞく》で、池の名も江戸時代は「千束池」。足を洗った伝説は江戸名所図会などには書かれていません。意外と新しくできた話のようです。

右手の洗足池図書館脇に、日蓮が通りかかって袈裟《けさ》を掛けた（腰を掛けた）という袈裟掛けの松への道が昼間だけ通じています。この伝説は江戸時代からあります。松の木は何代目かですが、江戸時代には「幹は三抱《かか》え、高さは五丈（約15メートル）」あったそうです。そのまま移妙福寺《みょうふくじ》の境内で、もちろん日蓮宗です。1927年（昭和2年）に浅草から移転してきました。

門を出て左に向かうと洗足池公園です。公園に入ると右に長い参道があります。勝海舟《かつかいしゅう》の墓です。勝は晩年、手前にある大森六中の場所に別荘を作り、池の端に葬るよう遺言しました。

さらにその隣には「西郷隆盛《さいごうたかもり》留魂碑」があります。碑は西郷

日蓮聖人袈裟掛けの松

勝海舟と夫人の墓

を深く尊敬していた勝が1879年（明治12年）に葛飾区の木《き》下川《ねがわ》薬師に作りましたが、寺が荒川開削工事で移転したのを機に移されました。江戸無血開城の交渉で相対した二人が、死後もこのように近くにいるのもおもしろいですね。

自然観察の木橋などを渡っていくと、中の島に洗足池弁財天社❾があります。島は昭和になって作られましたが、弁財天社は古くからのものだそうです。池畔を進むと千束八幡が小高い丘の上にあります。境内右手の広場に「名馬池月《いけづき》之像」があります。源平合戦の宇治川《うじがわ》の戦いで先陣争いに勝った、佐々木高綱《ささきたかつな》の愛馬「池月」は、ここで源頼朝に献上されたものだと言います。

池を巡って再び中原街道に出た街道沿いに、中原街道改修記念碑❿が立ちます。かつて起伏が激しかったあたりの中原街道を、1917年（大正6年）から改修した記念に1923年（大正12年）に立てられました。

洗足池と弁財天社

西郷隆盛慰霊の地

このコースで歩くルートマップ（その2）

このコースで歩くルートマップ（その3）

（－－－－－－ は、電車・バスでの移動ルート）

福山雅治《ふくやままさはる》の歌で知られた桜坂《さくらざか》

駅に戻り、また池上線で雪《ゆき》が谷大塚《やおおつか》駅に向かいます。駅を降りて中原街道を横断し自由通りに入ります。コンビニの角を左に曲がって進むと、学校の先の住宅街の中、右手に神社があります。社殿は急な石段の上にありますが、この高まりは鵜《う》の木《き》大塚古墳⓫です。直径7メートル、高さ6メートルあり、駅名はこの「大塚」に由来します。

神社正面の道をまっすぐ行くとまもなく中原街道です。目の前の歩道橋を渡ってそのまま進みます。しばらくすると左手角にお寺が見えるので、変形十字路を左に行くと、突き当たった左側に御嶽《おんたけ》神社⓬があります。

江戸末期、木曾《きそ》の御嶽山で修行した一山《いっさん》行者

鵜の木稲荷参道。高くなっている部分が古墳

宇治川合戦で有名な名馬、池月の像

が訪れてここで教えを説くことに決め、1831年（天保2年）に社殿を建ててから大変隆盛しました。創建時の見事な彫刻が社殿を飾っています。

来た道を戻り、お寺の角を環八方向に進み、環八を渡ります。三叉路を右に行き、しばらく進んで右手に保育園を過ぎた次の通りが旧中原街道で、左に行きます。信号から先、桜並木の下り坂が、福山雅治の歌で有名になった桜坂⓭です。切り通しは近年のもので、江戸期の道は橋の右側の通りで、最後は急坂で下りました。

そのまま下ると右手に室町時代創建という東光院《とうこういん》⓮があります。寺の横を六郷用水が流れ、水車などが作られています。

東急多摩川線・沼部《ぬまべ》駅に向かい、駅脇の踏切を越えて右に行きます。やがて多摩川の堤防に出ますので、河川敷に入りましょう。遊具などの一角に図「丸子の渡し」の解説

御嶽神社社殿の彫刻

坂上から見た桜坂

板があります⑮。鎌倉時代にも名が出てくる古い渡しで、1934年（昭和9年）に丸子橋ができるまで利用されました。

沼部駅から帰りましょう。東急線に3回は乗りますので、一日券「東急ワンデーオープンチケット」（660円）の利用がお得かもしれません。

復元された六郷用水を偲ぶ流れ

●周辺のその他の見どころ

戸越《とごし》八幡（品川区戸越2－6－23）⑯ 図

室町時代の創建で、境内に「戸越の地名の起り」という碑があります。江戸時代まで戸越は「とごえ」と読んでいました。中原街道などを通って「江戸を越える村」がいつしか「とごえの村」になったと言います。都営浅草線・戸越駅徒歩8分。

戸越公園（品川区戸越公園3―1―13）⑰

戸越八幡の少し南です。江戸時代初期にはこの公園を含む広大な敷地に熊本藩細川《ほそかわ》家の下屋敷がありました。その後、大名家の間を転々とし、1890年（明治23年）以降は三井《みつい》家の所有になります。昭和には大部分が学校や住宅になりましたが、池を中心とした庭園部分は、大名庭園の面影を残しています。東急大井町線・戸越公園駅徒歩7分。北側の文庫の森公園には、大正時代に作られた旧三井文庫書庫が残されています。

円融寺《えんゆうじ》（目黒区碑文谷《ひもんや》1―22―22）⑱ 図

慈覚《じかく》大師円仁《えんにん》が開いたといい、平安時代の創建ということになります。鎌倉時代に日蓮宗になりましたが、江戸時代に禁教の不受不施派《ふじゆふせ》だということで天台宗に戻されました。不受不施派は他宗と一緒に法要などをしない主義で、宗教界全体を束ねたい幕府には認

江戸時代に大流行して人が押しかけた黒仁王

められない教義でした。この時に杉並区の妙法寺《みょうほうじ》に祖師像が移され、その後寺名も円融寺になります。仁王門の仁王像は江戸時代から黒仁王として信仰を集め、軒《のき》の反《そ》りが美しい釈迦《しゃか》殿は室町時代初期の都内最古の建築物で、国の重要文化財です。東急目黒線・西小山駅徒歩15分。すぐ近くの正泉寺《しょうせんじ》には式亭三馬《しきていさんば》の墓があります。

碑文谷八幡宮（目黒区碑文谷3−7−3）⑲ 図

鎌倉時代の創建です。境内に碑文石があります。付近の呑川《のみかわ》川底の砂岩を使った高さ75センチ、幅45センチほどの碑で、作られた年代・趣旨等まったく不明ですが、梵字が刻んであり、中世のものと思われます。この石がある里ということで地名が碑文谷になったという説が有力です。

国の重要文化財、円融寺釈迦堂

ガラス越しで見にくいが碑文谷八幡宮の碑文石

コース4

大《おお》山《やま》道《みち》

JR渋谷駅 ▶ 東急田園都市線・二子玉川駅

渋谷駅－池尻大橋駅 …………………… 2.8キロ
三軒茶屋駅－駒沢大学駅 …………… 1.4キロ
用賀駅－二子玉川駅 …………………… 3.7キロ

歩行距離／計7.9キロ
所用時間／3時間30分

神奈川県の大山詣《おおやまもうで》は江戸時代、特に江戸近郊で流行し、各地から参拝のための大山道ができましたので、実は大山道は一つではありません。その中でも有名なのが、矢倉沢《やぐらざわ》往還とも言う現代の国道246号に引き継がれたこの道です。江戸から相模《さがみ》へ行くには東海道よりも距離が短いので、大いに賑わいました。

❶道玄坂道供養碑
❷大坂
❸上目黒氷川神社
❹池尻稲荷
渋谷駅
目黒元富士
目黒新富士
祐天寺
渋谷区
目黒区
駒場東大前駅
神泉駅
池尻大橋駅
代官山駅
中目黒駅
祐天寺駅
目黒区役所
東京メトロ銀座線
東急東横線
山手通り
玉川通り
駒沢通り
目黒川
駒場小
東大
日本工大駒場高·中
筑波大附属駒場高·中
駒場高
第一中
東邦高·中
警視庁
東邦大学医療センター大橋
菅刈小
第一商業高
産業能率大
猿楽小
鉢山中
乗泉寺
渋谷署
東山小
東山中
自衛隊中央
陸上自衛隊三宿駐屯地
世田谷公園
三宿
青鳥特別支援
烏森小
上目黒小
中目黒小
目黒学院高·中
東京共済
目黒高
目黒署
目黒税務署
現代彫刻美術館
目黒中央中
五本木小
油面小
目黒
0
500m
N

このコースで歩くルートマップ（その1）

（------------- は、電車・バスでの移動ルート）

大山道の難所の急坂

渋谷《しぶや》駅から道玄坂《どうげんざか》を登ります。江戸時代の渋谷は、渋谷川を挟んで東の宮益坂《みやますざか》、西の道玄坂沿いに町がありました。坂の左側を歩いてください。

道玄坂上交番前の交差点に来ると、左側の渋谷マークシティからの道と合流する角にいくつかの碑が立っています。「道玄坂道供養碑」❶は、明治時代にここで起きた軍の砲車転落事故死者を供養したものです。明治以降、大山道は重要な軍事道路でした。

隣の「渋谷道玄坂」碑には坂名の由来が書かれており、地元の渋谷氏が北条《ほうじょう》氏に滅ぼされた際、一族の大和田《おおわだ》道玄がここに庵《いおり》を作って住んだからと書かれています。道玄は盗賊になったともいい、道玄が獲物の旅人を探した図「物見の松」が江戸時代には坂上に残っていたそうです。隣りは歌人与謝《よさ》

道玄坂上の一角に集まっている石碑

野晶子《のあきこ》の歌碑です。

そのまま進むと首都高速道路の下、現代の大山道・国道246号です。旧山手通りを渡って少し行くと右側にそれて下っていく道があります。こちらが江戸時代の道です。現代の車道はまっすぐでないと不便なため、急坂は両側の台地を掘り込んで切り通しにしますが、江戸時代は馬と大八車ぐらいなので、急坂はジグザグのつづら折りにしました。

ここは大坂《おおさか》❷といい大山道の難所でした。坂を下って山手通りに出ると、横断歩道を渡って今度は坂を登ります。国道に出て少し進むと、右側に図上目黒氷川《ひかわ》神社❸の急な石段があります。

室町時代末、北条家の家臣だったという地元の豪農、加藤家が造った神社です。石段脇には大山道の道標があり、境内には、近くにあった目黒《めぐろ》元富士か

国道の拡幅で急階段になった上目黒氷川神社

ら移した石碑や、浅間神社があります。

国道246号に戻り、歩道橋を渡って道の反対側に出ます。目黒川を渡り、東急田園都市線・池尻大橋《いけじりおおはし》駅の出入口を過ぎると、斜めに左に入る道があります。これが江戸時代の大山道です。しばらく登ると右手に池尻稲荷❹があります。

入口に旧大山道との石標が立ち、うしろにかくれんぼや子守をする子どもの像があります。この場所は江戸時代には常光院《じょうこういん》という寺があり、江戸名所図会には除剣難《けんなんよけ》日蓮祖師像がある、と書かれています。しかし常光院は明治の神仏分離で廃寺になり、祖師像は目黒区の常圓寺《じょうえんじ》というお寺に移されました。

かわいらしい銅像が置かれた池尻稲荷

3軒の休み処《どころ》があった三軒茶屋《さんげんぢゃや》

旧道はこのあと三宿《みしゅく》あたりまで続きます。ここからは国道246号を走るバスに

👣このコースで歩くルートマップ（その2）

（-------------- は、電車・バスでの移動ルート）

乗るか池尻大橋駅に戻って三軒茶屋駅まで行ってください。電車の場合、三軒茶屋駅で降りたら世田谷通り口を出ます。出てすぐ左に大きな道標が立っています❺。１７４９年（寛延2年）に立てられ、新大山道ができた文化・文政の頃（19世紀初め）に立て直された道標です。力強い字で「大山道」「二子《ふたこ》通」などと彫られています。明治以降道路拡幅などで転々としましたが、１９８３年（昭和58年）にほぼ元に近い現在地に移りました。ただ本来文字は渋谷方向を向いていたはずで、90度ずれています。

新大山道と書きましたが、大山道は古くはここから世田谷通りへ向かっていました。今の区役所あたりが古い世田谷の中心だったため、そこを通っていたのです。しかし大山詣が盛んになると回り道は用もないので不便です。文化・文政の頃に、三軒茶屋からまっすぐ二子を目指す道が開かれました。付近には

三軒茶屋にある大山道道標

文字通り3軒の茶屋が建って旅人が休みました。

国道246号をしばらく進むと、左手に旧道が分かれていきます。中里通り商店街といい、神社や古い商店が残っています。旧道が終わってしばらく行くと環七との上《かみ》馬《うま》交差点です。246号を進み、先の左手に図宗圓寺《そうえんじ》❻があります。鎌倉時代にできた古寺で、江戸時代はこの寺の前を通り、環七方面に品川上水が流れていました。

大正まで残っていた「二子《ふたこ》の渡し」

まもなく駒沢大学駅です。電車に乗り2駅先の用賀《ようが》駅まで行きましょう。地上の国道246号は、駒沢大学駅からほぼ一直線に二子玉川へ進みますが、江戸時代の道は現在の東急田園都市線と同じ道筋、桜新町《さくらしんまち》を経由していました。

用賀駅では東口を出てください。出た道が大山道です。目の前に五叉路がありますので、やや細い真ん中左の道へ入ります。三叉路を右に行き次の十字路を左に行くと瑜伽山真福寺《ゆがさんしんぷくじ》❼があります。山号の「瑜伽」は「ヨガ」のことで、用賀の地名の元だとも言われますが、山号は近年ついたので関連はよくわかりません。北条氏に仕えたという地元の名主、飯田氏が室町時代末期に創建しました。

　真福寺の山門を出て西に進むとまもなく無《む》量《りょう》寺《じ》❽です。こちらも室町時代末期にできた古い寺で、大きなイチョウの木があります。観音堂には品川の浜で見つかった観音像が納められ、12年に一度開帳されます。

真福寺の「瑜伽山」の扁額

無量寺の大イチョウ

　山門少し先の十字路を左です。首都高に突き当たったら左、田中橋交差点で大山道に戻りますので右へ。しばらく進み、角に地蔵堂のある三叉路があります❾。この先大山道は二筋に分かれて多摩川を渡っていました。まず右の古い道を行きます。

　しばらくすると環八にぶつかります。横断歩道がないので右の瀬田《せた》郵便局前交差点まで迂回《うかい》し、横断します。大山道を進み、突き当たりを右に曲がります。その正面に参道が見えてくるのが慈眼寺《じげんじ》⑩です。左手に1697年（元禄10年）銘の古い庚申塔があります。

この寺は鎌倉時代の創建といいますが、北条氏家臣でこの一帯を治めた長崎《ながさき》氏がこの地に移し祈願寺としました。隣りの瀬田玉川神社はこの時造られたようです。神社の下には玉川遊園地という公園が1909年（明治42年）に造られ、終戦直前までありました。今はない二子玉川園は、「玉川第二遊園地」として始まったものでした。

神社の石段を降りた前の坂が大山道です。右に進み、左に行く最初の角を曲がりましょう。曲がらずにまっすぐ進む道が古い大山道で、髙島屋の裏から246号の新道高架下を抜けて、兵庫島《ひょうごじま》の向かいあたりで多摩川に出ます。

慈眼寺の仁王門

左折してすぐ左手に玉川大師⓫があります。1925年（大正14年）にできた新しいお寺ですが、地下の霊場、胎内巡りは一見の価値があると思います。

そのまま進み、246号高架下をくぐります。髙島屋ガーデンアイランド脇を進んで突き当たり左の急坂を登り、田園都市線の上を通る跨線橋を渡ります。出た道から上に登る路地を進んだ左右がもう一つの大山道です。二子の渡しに一直線に下っていきます。

右に行くとまもなく行善寺《ぎようぜんじ》⓬です。戦国時代末にやはり長崎氏によって造られ、ここは菩提寺になりました。元は台地の下にあったようですが、江戸時代に水害を避け、この地に移転しました。ここは台地の縁で大変眺めがよく「行善寺八景」と言われましたが、今も本堂裏に展望地があり、眺めが

行善寺の山門

いいです。墓地に長崎一族の墓があります。

大山道を下っていくと六郷用水の流れがあり、橋を渡って左へ行くと用水沿いに大山道の道標⓭があります。庚申塔を兼ねたもので、「南大山道、左西赤坂道、右東目黒道」と書かれています。1777年（安永6年）に立てられたもので、立てられた当時と同じ場所に同じように立っている点が貴重です。

道標方向に進んでいくと、東急大井町線高架下にちゃんと道が空いています。出ると、最近できた二子玉川ライズ一角の広場ですが、地面のタイルに江戸時代の付近の地図が描かれています。少し先のバスターミナルの歩道にも、「二子の渡し」など大山道の風景が描かれています。渡しは江戸中期に設けられ、1925年（大正14年）に二子橋の完成とともに廃止されました。右方向に行くと二子玉川駅です。

二子玉川の大山道道標

●周辺のその他の見どころ

目黒富士（元富士：目黒区上目黒1−8、新富士：目黒区中目黒2−1）百 図

数ある江戸の富士塚の中でも特に有名だったのが、目黒の元富士と新富士です。目黒元富士は1812年（文化9年）に築かれ、高さ12メートルもありました。しかし1878年（明治11年）に岩倉具視《いわくらともみ》の別荘になると一般人は入れなくなり、碑などは上目黒氷川神社に移され、その後東横線工事の頃削られてなくなったようです。今は大きなマンションが建っています。新富士は1819年（文政2年）に少し離れた別《べっ》所坂上《しょさかうえ》の、蝦夷《えぞ》探険で有名な幕臣近藤重蔵《こんどうじゅうぞう》宅に築かれました。ここは戦後まで残っていましたがやはり壊され、同じくマンションが建っています。しかし発掘で地下の遺構が見つかり、その写真や碑などが近くの公園に展示されています。元富士は東急東横線・代官山《だいかんやま》駅徒歩4分。新富士は恵比寿駅徒歩8分。

祐天寺《ゆうてんじ》（目黒区中目黒5－24－11）図

祐天上人という、江戸時代で法力一番とも言われた偉大な僧の遺徳を偲《しの》ぶために造られた寺です。上人は5代将軍綱吉《つなよし》以降歴代将軍の信任も厚く、増上寺《ぞうじょうじ》トップの法主も務めましたが、有名なのは累《かさね》の怨霊退治です。「累ヶ淵《かさねがふち》」という話でも知られており、境内には歌舞伎役者が「累ヶ淵」を演じる際に必ず訪れる累塚などもあります。東急東横線・祐天寺駅徒歩5分。

西澄寺《さいちょうじ》（世田谷区下馬《しもうま》2－11－6）

室町時代創建の寺で、巨大な山門に圧倒されます。これは三田《みた》にあった徳島藩蜂須賀《はちすか》家中屋敷の門を大正末に移築したと言います。門の両側に出番所があり、大大名の格式を備えています。江戸の大名屋敷門はほとんど残っていないので貴重です。また、すっかり住宅地になった世田谷で、森のような境内を維持しているのも感心します。門前に「西澄寺」バス停。渋谷駅から20分。

浄真寺《じょうしんじ》（世田谷区奥沢《おくさわ》7－41－3）図

寺にある9体の阿弥陀《あみだ》如来像、九品仏《くほんぶつ》の通称で知られています。浄土宗の極楽往生には、信仰の篤い者から極悪人まで9通りの往生の仕方があり、それぞれに対応した阿弥陀如来像を作ったのが九品仏です。境内は戦国時代まで奥沢城という城で、江戸時代に寺が作られました。樹齢700年というカヤの木やイチョウの巨木に囲まれた、すがすがしい空間です。東急大井町線・九品仏駅徒歩2分。

祐天寺境内の累塚

重厚な西澄寺の武家屋敷門

浄真寺の九品仏は3体ごとに
3つのお堂に安置されている

コース5

滝《たき》坂《さか》道《みち》から登《のぼり》戸《と》道《みち》

JR渋谷駅 ▶ 東急田園都市線・二子玉川駅

渋谷駅－三軒茶屋 ……………………… 4.6キロ
上町駅－「世田谷駅前」BS …………… 3.4キロ
「日大商学部前」BS－「鎌田」BS ……… 5.8キロ

歩行距離／計13.8キロ
所用時間／5時間30分

滝坂道《たきさかみち》とはあまり聞き慣れない道ですが、渋谷と甲州街道の滝坂（調布市）を結ぶ道で、甲州街道ができるまでは、江戸城あたりと府中を結ぶ主要道路だったと言います。登戸道《のぼりとみち》は大山道《おおやまみち》の古道から分岐して神奈川県の登戸へ行く道で、世田谷と、もう一つの中世世田谷の要所だった喜多見《きたみ》を結んでいます。

❶道玄坂交番
❷道玄坂地蔵
神泉駅
❸弘法の湯跡
❹松見坂の碑
松見坂地蔵尊
滝坂道
渋谷区役所
渋谷駅
渋谷区
代官山駅
中目黒駅
目黒区役所
東京メトロ副都心線
東京メトロ半蔵門線
東京メトロ銀座線
東京メトロ日比谷線
東急東横線
山手線
山手通り
旧山手通り
目黒川
神南小
松濤中
戸栗美術館
ヤマザキ学園大
宇田川町
道玄坂
桜丘町
鉢山中
乗泉寺
鶯谷町
南平台町
青葉台(三)
菅刈小
菅刈公園
西郷山公園
第一商業高
産業能率大
猿楽小
猿楽町
鉢山町
代官山町
長谷戸小
東山中
東山(一)
鳥森小
中目黒(一)
目黒学院高·中
東京共済
中目黒小
渋谷署
渋谷局
500m

このコースで歩くルートマップ（その1）

（------------- は、電車・バスでの移動ルート）

淡島《あわしま》通りの名のいわれとは

コース４で紹介した道玄坂《どうげんざか》交番❶から大山道と分かれて右に入っていきます。すぐ右の路地最初の左角に道玄坂地蔵❷があります。元は交番あたりにありました。滝坂道に戻って坂をゆるく下っていきます。左にカーブしていく三叉路を右に行くと京王井《い》の頭《かしら》線・神泉《しんせん》駅で、手前角に弘法《こうぼう》の湯跡の碑❸がありますこの近辺が歓楽街になったのは、ここに江戸時代から鉱泉が湧いていたからです。この湯屋を中心に料亭などが繁盛しました。

滝坂道を行くと、今度は右に下りカーブを描いて旧山手《やまて》通りに出ます。渡った左右の路地が、渋谷区と目黒区の境界の三田《みた》用水跡で

弘法の湯跡の石碑

歓楽街の一角にひっそり立つ道玄坂地蔵

す。さらに進むと今度は現在の山手通りに出ます。左に松見坂《まつみざか》交差点がありますので、右に曲がって淡島《あわしま》通りに入ります。歩道の角に「松見坂」の碑があります❹。大山道で出て来た「道玄物見の松」がよく見えたので、「松見坂」だそうです。淡島通りからすぐ左下を見るとお堂があります。松見坂地蔵尊です。古くから駒場《こまば》の村の東の守りだったと言います。

あたりには東大駒場キャンパス内の一二郎池《いちにろういけ》から流れてくる川があり、遠江橋《とおとうみばし》という橋が架かっていました。地蔵脇に橋名の碑もあります。急な流れで、目黒川に合流するまで多くの水車がありました。

地蔵堂から淡島

松見坂の碑

その下にある松見坂地蔵尊

通りのガードを見ると、左に階段の上り口があります。登って通りに出て進みます。しばらくの間、滝坂道は淡島通りです。右手、井の頭線の向こう側には東大の駒場キャンパスがありますが、江戸時代は図駒場野と呼ばれ、将軍家の鷹狩り場でした。

進んでいくと左手に老人福祉施設があり、建物を改築する際の発掘調査で縄文時代以降のさまざまな遺跡が見つかりました。付近は江戸時代から図土器塚《かわらけ》として知られ、当時は「源義家《よしいえ》の酒宴の跡」などと言われていました。土器が出て来たのでしょうね。右側の駒場野公園脇には〆切地蔵❺があり、村の西の入口を守っていたそうです。この先は世田谷区です。

淡島通りが左にカーブする世田谷淡島郵便局❻前の交差点で滝坂道を外れ、まっすぐの道に進みます。道なりに進むとしばらくして右に北澤《きたざわ》八幡❼があります。室町時代に世田谷城主だった吉良《きら》氏が作りまし

〆切地蔵のお堂

た。境内は南向きの斜面で、晴れた日には境内から富士山が見えます。隣の図森巌《しんがん》寺《じ》❽が別当寺でした。

森巌寺は徳川家康の次男結城秀康《ゆうきひでやす》の遺言で作られ、その位牌所があります。開山和尚は腰痛で悩んでおり、和歌山の淡島大明神に祈ってお灸《きゅう》で治療したところ全快したため、境内に淡島堂を建て、代々の住職は灸を学んで人々の治療に当たりました。山門には「粟嶋《あわしま》の灸」と看板がかかり、江戸時代は治療に訪れる人がひっきりなしだったそうです。淡島通りの名もここから起こりました。幕末から針供養で有名で、境内には針塚や和服裁縫教師会が建て

北澤八幡の社殿前から見える富士山。冬や晴れた夕方によく見える

森巌寺の山門。お灸の看板がかかる

た記念碑があります。

山門を出て右に進み、最初の角を左です。すぐ北沢川緑道に出ますので右に行きます。車道に出たら左に行き、しばらく進みます。代沢十字路交差点❾を過ぎたら最初の十字路を左です。道なりにしばらく進むと太子堂で知られる円泉寺《えんせんじ》❿があります。

境内入って右のお堂が「太子堂」です。「工匠祖神《たくみのみおや》」と書かれた額が飾られています。聖徳太子は百済《くだら》から初めて大工を招いて寺を建てたため、大工の祖として崇《あが》められました。来た道を戻り、ちょっとずれた十字路を左に行きます。道なりに進んで突き当たりを右に出ると「太子堂」のバス停がありますので、「駒沢陸橋行き」のバスに乗って次の「三軒茶屋銀座」で降り、世田谷線の三軒茶屋駅に向かいます。近いので、歩いてもいいでしょう。

円泉寺の太子堂。右に聖徳太子の少年像がある

世田谷城と豪徳寺《ごうとくじ》

東急世田谷線に乗り、降りるのは5つ目の上町《うえまち》です。踏切を渡って北へ行きます。烏山《からすやま》川緑道を越えて少し右に曲がると左角に図世田谷城阯公園⓫があります。世田谷城は世田谷吉良氏の居城で、14世紀末頃から居館が造られ、1530年（享禄3年）頃に城として整備されたようです。現在は一部が公園となっていますが、隣接する住宅地や豪徳寺《ごうとくじ》あたりも城内だったようです。深い空堀と土塁跡が往時を偲《しの》ばせます。

世田谷吉良氏は奥州に渡って奥州探題として活躍した奥州吉良氏の系統で、忠臣蔵の吉良上野介《こうずけのすけ》とはかなり遠縁です。鎌倉公方《くぼう》に招かれて移住しました。のち北条氏に従いましたが、やはり家康の旗本となり、蒔田《まいた》氏と名乗り、上野介の家の断絶後吉良姓に復します。

世田谷城の巨大な空堀と土塁跡

👣このコースで歩くルートマップ（その2）

このコースで歩くルートマップ（その3）

（－－－－は、電車・バスでの移動ルート）

この付近が江戸時代以前は世田谷の中心地でした。古い寺や神社が集まっています。区役所は今もこの地区です。

世田谷城阯公園の裏が図豪徳寺⑫です。公園を出て左に行くとすぐ大きな看板がありますので、右へ参道の坂を登っていきます。室町時代に吉良氏が建てましたが、江戸時代に付近が彦根藩井伊《いい》家の領地となってから、井伊家の江戸での菩提寺になりました。門前に立った井伊家の祖、井伊直孝《なおたか》が境内にいた猫に手招きされ危うく落雷を逃れたとの伝説から、招き猫の寺として知られます。墓地には井伊家の墓があり、桜田門外で暗殺された井伊直弼《なおすけ》の墓もあります。豪徳寺入

豪徳寺三重の塔

口を右に行くとまもなく世田谷線・宮《みや》の坂《さか》駅の踏切です。さらに進んで信号を越えた右手に図世田谷八幡⑬があります。

源義家が戦勝祈願して建てたと言いますが、実際は吉良氏が氏神として鎌倉の鶴《つるが》岡《おか》八幡宮を勧請して建てたようです。江戸時代には相撲が行なわれることで有名でした。今でも境内に土俵があり、東京農大相撲部の奉納相撲が例大祭で行なわれます。

無数にあるかと思われる
豪徳寺に奉納された招き猫

大老・井伊直弼の墓

世田谷八幡の現役の土俵。観覧席もある

宮の坂駅前の信号を右に行き、烏山川緑道を渡ってややカーブした先の五叉路を右斜めに入ります。最初の十字路を右に行くと図勝光院⑭です。室町時代初期に建てられた吉良氏の菩提寺で墓地があります。ここの鐘は1698年（元禄11年）製作のものですが、戦時供出で行方不明になっていたものが近年発見され、戻されたものです。境内は竹林が見事です。

先ほどの十字路の一つ先の十字路を斜め右へ歩き、道なりに進むと左手に桜小学校⑮があり、校庭に樹齢400年という都内最大級のオオアカガシの木が見えます。かつてこの土地は仙蔵院《せんぞういん》という寺で、木はその境内にありました。

戻ってきた勝光院の鐘

桜小のオオアカガシ。根元保護のためウッドデッキで囲まれている

小学校の先の三叉路の左右を通るのが江戸時代以前の古い大山道です。ここは右に行きます。すぐ世田谷通りとX字に交わりますので大山道の方に横断歩道で渡ってまっすぐ進みます。次の三叉路が登戸道の分岐点⑯で、以前はここに道標が立っていました。今は説明板があります。すぐに五叉路に出ますので左斜めに行き、最初の十字路を左で図実相院《じっそういん》の山門に出ます。北条氏家臣だった吉良氏朝《うじとも》の墓があります。境内は樹林が美しく整備され、特に紅葉は見事です。

　山門を出て左に行き最初の角を左です。十字路を右で、最初の信号を越えた三叉路を左に行くと浄光寺⑰

紅葉が見事な実相寺の参道

です。室町時代の創建で、井伊家の代官を務めた豪農大場《おおば》氏の墓があります。山門を出て左へ行き、鉤状の道を左へ行ってすぐ右に行くと右側が世田谷区立郷土資料館⓲で、入口は路地を抜けたボロ市通りを右側に行った代官屋敷と同じ場所になります。

ここは大場氏の居宅で、江戸時代の長屋門と母屋が国の重要文化財に指定されています。大場氏は吉良氏の家臣でしたが江戸時代は農民となり、代々井伊家の世田谷領代官を務めました。屋敷には裁判を行なうためのお白洲《しらす》なども残っています。郷土資料館はその奥です。代官屋敷前の道は室町期の古い大山街道で、毎年1月と12月の2回2日間ずつ、「世田谷ボロ市」が開かれます。始まったのはなんと1578年（天正6年）、北条氏支配下での楽市としてで

世田谷ボロ市。左の門が代官屋敷の門で重要文化財

す。昔は古着が主だったので「ボロ市」と言いますが、今は骨董品や日用雑貨、古本や飲食店などなんでもあります。

このあたりの街道には直角の角が多用されていますが、これは防御を重視した北条氏時代の特徴です。屋敷前の道を右に行き、世田谷中央病院前で左、世田谷駅前の信号を左で「世田谷駅前」のバス停がありますので「成城学園前行き」のバスに乗りましょう。バスの通る世田谷通りがほぼ中世からの登戸道です。

江戸城を作った江戸氏の後裔、喜多見《きたみ》氏

20分ほど先の「日大商学部前」で降ります（この間の距離は4・0キロ）。両側は大蔵住宅です。坂を少し登り、日大前に出ましょう。日大前の道が登戸道です。日大向かいの団地敷地内に入ってください。25号棟脇に石垣でできた土盛りがあり、上に図「石井神社跡」と書かれ

石井神社跡の碑

た碑⑲があります。江戸名所図会では「石井《いわい》の神社」として、延喜式《えんぎしき》にも出てくる磐井《いわい》神社だとしています。しかし磐井神社はコース１で品川の神社を紹介しました。

登戸道に戻って水道道路を越え、突き当たりを左で仙川を渡ると、砧《きぬた》小学校交差点⑳で世田谷通りに出ます。歩道橋を渡り、砧小脇の世田谷通り旧道の切り通し道を進みます。次の三叉路を交番の側へ行き、また世田谷通りに合流します。

合流して三つ目の道を左に行き、折れ曲がって野《の》川《がわ》を渡ります。車道を越えるとすぐに小さな橋があり、下が古くからの野川になります。渡った右に次大《じだ》夫堀《ゆうぼり》公園㉑の入口があります。世田谷区内の古民家を保存公開しています。

さらに進んで、水道道路を越えるとまもなく左に光伝寺《こうでんじ》㉒があります。１４８４年

次大夫堀公園に保存された古民家の一つ

（文明16年）創建の古寺で、江戸城を作った江戸氏の後裔、喜多見氏の祈願寺でした。本堂は１７５０年（寛延3年）に建てられたものです。

山門を出て左に進んで最初の十字路は、登戸道と筏道《いかだみち》が交わる場所です。奥多摩で切り出された木は筏に組まれて多摩川を流れ下り、下流で陸揚げして乗ってきた筏師はこの筏道を歩いて奥多摩に帰りました。右へ進みまた水道道路と交わるので左に行き、すぐに水道道路から右に行く道に入ります。いったん右に行き左に公園があるので入ります。実はここは稲荷塚《いなりづか》という古墳㉓です。

約１４００年前の古墳時代後期の円墳で、直径13メートル、高さ2・5メートル。発掘調査で堀や石室が見つかり、石室からは太刀などが出て来ました。

公園となって整備された稲荷塚古墳

公園を出ると慶元寺《けいげんじ》の三重の塔が遠くに見えて奈良の斑鳩《いかるが》のようです。左に行き角を左に行くと登戸道に戻ります。右には小さな森があり根元に図須賀神社㉔があります。

神社のあたりには喜多見氏の陣屋がありました。江戸氏が江戸城から喜多見（当時は木田見）に移ったのは勢力が衰えたためと言います。喜多見氏はのちに世田谷吉良氏に従い北条氏配下となりますが、家康入府後は旗本となり、一時は二万石の大名となってこの地に築城を始めますが、完成前に改易《かいえき》となってしまいました。

南に抜けると左手に藪《やぶ》がありますがこれも古墳です。第六天塚㉕と言い、5世紀末、古墳時代中期のもので直径28・6メートル、高さ2・7メートルあります。

最初の角を右に行くと図慶元寺㉖の山門に出ます。平安時代末期に江戸重長《しげなが》が江

大きな木に囲まれた須賀神社

戸城のそばに造り、成城に移転、さらに１４６８年（応仁２年）に現在地に移りました。本堂は１７１６年（享保元年）に建てられた世田谷区内最古のものです。墓地には江戸氏歴代の墓があり、その前には江戸重長の像もあります。

本堂前を右側に行く道があるので進みます。大きなケヤキが並んでいます。境内外に出て左へ行くと喜多見氷川《ひかわ》神社㉗前です。都内とは思えない鬱蒼《うっそう》とした森に驚きます。天平《てんぴょう》時代創建といい、室町時代末期に喜多見氏が再興しました。１６５４年（承応３年）に喜多見氏が寄進した世田谷区最古の石鳥居が残り、変わったしめ縄が掲げられています。

氷川神社前を進み、右角の喜多見中部町会集会所前を右に曲がった道が、先ほど登戸道と交差した筏道です。

江戸氏一族墓地入口にある
江戸重長の像

ユニークなしめ縄が飾られる喜多見氷川神社

進んで行くと左手に知行院㉘があります。室町時代中頃の創建でやはり喜多見氏の祈願寺でした。

道なりに進んで突き当たりを右、出た道を左で東名高速をくぐり、出てすぐに右の路地へ入ります。突き当たりを左に行くと図観音寺《かんのんじ》㉙です。室町時代創建の古寺です。観音寺から最初の十字路を左に行き、折れ曲がりながら道なりに行くと、まもなく図常光寺《じょうこうじ》㉚。こちらも室町時代創建です。

常光寺に突き当たったところを左に行き、広い車道を右です。少し行って左斜め後ろに曲がる道へ入り、突き当たりを右に行くと野川㉛に出ますので右へ行って、橋を渡ります。多摩堤通りに出ますが横切って進んで行くと図永安寺《えいあんじ》前㉜です。室町時代の創建といいます。

永安寺左脇の坂を登ります。登り詰めた五叉路を右に行くと、少し行った左側民家の庭に石碑が立っています。これは木曾義仲《きそよしなか》の父、図源義賢《よしかた》の墓だと言います。義

源義賢の墓という塚

賢は兄義朝《よしとも》（頼朝《よりとも》の父）と争い、義朝の長男義平《よしひら》に討たれて現在の埼玉県嵐山《らんざん》町の大《おお》蔵館《くらやかた》で死にます。しかし、その館は実はこちらにあったというのです。図会では「帯刀先生《たてわきせんじょう》義賢の墓」として紹介されています。

道を下っていくと大蔵氷川神社㉝の石段が左に見えます。江戸時代からの棟札が多数残り、神社造営の歴史がたどれる珍しい神社です。本殿は1824年（文政7年）の再建です。

社殿の前をまっすぐ下り大きな道を左で、すぐ右に入るとこの道が筏道㉞です。くねくねと砧南小の前を通っていきます。

小学校前の道標がある角を右に曲がると正面に鎌田《かまた》天

玉川近くを走る筏道

大蔵氷川神社の石段

神と図吉祥院㉟です。なんと天平時代の創建といい、１６９０年（元禄３年）銘の古い庚申塔や六地蔵があります。

裏の多摩堤通りの「鎌田」バス停から、田園都市線の二子玉川駅まで帰りましょう。

コース 6

甲州街道

JR新宿駅 ▶ 京王線・仙川駅

新宿駅－笹塚駅……………………… 4.7キロ
代田橋駅周辺……………………… 0.5キロ
明大前駅－下高井戸駅……………… 2.5キロ
桜上水駅－上北沢駅………………… 1.2キロ
芦花公園駅－仙川駅………………… 3.3キロ

歩行距離／計12.2キロ
所用時間／5時間30分

甲州街道は江戸城の半蔵門《はんぞうもん》から甲斐《かい》方面へ続く五街道の一つです（正式には日本橋から）。参勤交代に使う大名家は少なく、産業上の重要性も他の五街道に比べ低かったのですが、軍事上は将軍の甲府への避難ルートだったため重視されたといいます。

❶千駄ヶ谷橋の親柱
❷玉川上水遺構モニュメント
❸銀杏天神社
❹幡ヶ谷不動・荘厳寺
❺バス停角
❻洗旗池の碑
❼幡ヶ谷子育地蔵尊
❽牛窪地蔵尊
❾清岸寺
新宿駅西口
甲州街道
初台駅
幡ヶ谷駅
新宿区
渋谷区
中野区
西新宿駅
新宿西口駅
都庁前駅
都庁
西新宿五丁目駅
新宿駅
南新宿駅
代々木駅
参宮橋駅
代々木八幡駅
代々木公園駅
代々木上原駅
東北沢駅
池ノ上駅
渋谷駅
中野新橋駅
山手通り
都営大江戸線
小田急小田原線
東京メトロ千代田線
東京工芸大
向台小
第二中
新宿署
工学院大
関東国際高
渋谷本町学園中・小
東京大部附属中等教育
西新宿小
文化学園大
JR東京総合
東京オペラシティタワー
新国立劇場
刀剣博物館
山谷小
帝京短大
中幡小
代々木署
内藤
幡代小
クロス
代々木局
代々木中
西原小
明治神宮宝物殿
明治神宮
代々木公園
代々木競技場
NHK放送センター
富谷小
古賀政男音楽博物館
上原中
上原小
東海大附属望星高
東海大
神南小
松濤中
戸栗美術館
松蔭高・中
駒場公園
日本民藝館
駒場小
東大
ヤマザキ学園大
池之上小

このコースで歩くルートマップ（その1）

（ -------------- は、電車・バスでの移動ルート）

玉川上水に沿って進む甲州街道

新宿駅南口の甲州街道跨線橋は、大きなバスターミナルができて幅も広くなりました。西側の西新宿一丁目交差点を左に行くと、甲州街道のすぐ裏に沿ってもう一本道があります。かつての玉川上水の跡です。少し行くと左に交番があり、道は遊歩道のような公園になっています。ここには昔は千駄ヶ谷《せんだがや》橋という橋が架かり、その親柱が今も残っています❶。

公園が途切《とぎ》れると右に甲州街道が見え、かつて京王線が玉川上水と並行して走っていました。現在の京王線は地下を通っています。線路と上水路跡地の広い歩道の中に、トンネルのような煉瓦《れんが》のモニュメント❷があります。これは明治時代の玉川上水のトンネルをイメージしたもので、実際の大きさとほぼ同じです。また台座部分のごく一部に、当時の煉瓦

玉川上水に架かっていた千駄ヶ谷橋の親柱

玉川上水遺構をイメージしたモニュメント

が使われています。

文化服装学院の脇を過ぎ、車道を横切る右側の先、甲州街道との角に大きな銀杏《いちょう》の木があります。箒《ほうき》銀杏といい、そばを流れる玉川上水の水が豊富なのでこのように大きく育ったと伝えられます。根元にはその名も銀杏天神社❸があります。

甲州街道から離れ、しばらく裏側の緑道公園を歩きますが、山手通りに出たら右に行きます。オペラシティ脇を北上し、西新宿四丁目交差点の少し先の左、不動通り商店街のアーケードがあります。入って少し行った右が図幡《はた》ヶ《が》谷《や》不動・荘厳寺《しょうごんじ》❹です。室町時代の創建で境内の常夜灯は1850年（嘉永3年）の建立です。元は先ほど通り過ぎた山手通りと甲州街道

マンション陰で窮屈そうな銀杏天神社とイチョウ

幡ヶ谷不動・荘厳寺境内の常夜灯

の角にあり、道標を兼ねていました。

山門を出て右、二つ目のT字路を曲がって進み、幡ヶ谷不動尊入口交差点も過ぎ、バス停のある角❺を右に入ります。三つ目の十字路を左に行くと、右手に高知新聞と高知放送の社宅があり、敷地に大きな石❻があります。碑面には「洗旗池《あらいはたいけ》」とあり、東郷平八郎《とうごうへいはちろう》元帥の揮毫《きごう》です。

ここには古くは池があり、源《みなもとの》 義家《よしいえ》が後三《ご》年の役《えき》の時に立ち寄って源氏の白旗を洗った、という伝説がありました。池を「旗洗池」などとも言ったそうで、これが幡《はた》ヶ谷《や》の地名の起こりになりました。

そのまま甲州街道に抜けます。横断歩道のあるところで左側に渡ってください。すると尖塔のような建物が見えてきます。敷地はとても狭いのですが中にお地蔵様がいます。幡ヶ谷子育地蔵尊❼と言い、1686年（貞享3年）に建てられた古いもので、

東郷平八郎元帥揮毫の洗旗池の碑

甲州街道の拡張で少し移転しています。

地下にある幡ヶ谷駅上を過ぎ、笹塚《ささづか》交差点の手前左にコンクリート製の立派なお堂の牛窪《うしくぼ》地蔵尊❽があります。1712年（正徳元年）の建立で、やはり甲州街道の拡幅でここに移りました。手前には庚申塔などもあり、道供養塔は道自体を供養するという珍しいものです。

笹塚交差点を右の中野通りへ入ります。次の信号に出る少し手前に右に登る坂があり、中に移清岸寺《せいがんじ》❾があります。今の参宮橋《さんぐうばし》の南側あたりにありましたが、明治になって代々木《よぎ》練兵場ができたため、1909年（明治42年）に現在地に移転しました。

本堂は千葉県南房総《みなみぼうそう》市にあった明治中頃に建てられた邸宅を、空襲で本堂を失った寺が譲り受けたもので、民家を転

道供養碑のある牛窪地蔵尊

尖塔が印象的な幡ヶ谷子育地蔵尊

用した古い建築として珍しいものです。また境内の酒呑地蔵は1708年（宝永5年）に立てられたものですが、働き者だった若者が酔って川で溺《おぼ》れ死んだのを供養するためのもので、死んだ若者が夢枕に立ち、「酔っ払いをなくしたいので立ててくれ」と願ったと言います。

甲州街道に戻り右側を進んで行くと、笹塚駅前の交番手前に「笹塚」跡の解説板があります。このあたりの甲州街道の南北両側に、笹が生えた塚があったといいます。これが地名の起こりです。一里塚だったという話もありますが、甲州街道の一里塚ならきちんと整備したはずで、謎の塚です。

民家を改造した清岸寺本堂

明大キャンパスは江戸幕府の弾薬庫跡

京王線に乗り笹塚駅から代田橋《だいたばし》駅まで行きます。代田橋駅を降りたら北口から甲州街道に出て、少し右に戻ります。すぐ右側に薄暗い玉川上水の流れが見えます。ここで玉川上水は地下に潜ってしまいます。

戻って西に進みます。駅入口を過ぎ、ガソリンスタンドの先、左側が幅広の歩道になった植え込みがあります⑩。江戸時代はこのあたりに図代田橋（代太橋）が架かっていました。当時は下を流れる玉川上水を渡るため、今の国道に直角に橋が架かり、甲州街道がクランクしていました。それでこのようなスペースができたのです。玉川上水跡はこの先で甲州街道の右側に移っています。

代田橋駅に戻り、明大前駅まで電車で行きます。駅近くの歩道橋を渡ると明治大学の和泉《いずみ》キャンパスです。正門の少し先に「塩硝蔵地跡《えんしょうぐら》」の解説板⑪があります。明大キャンパスとお隣の築地本願寺和田堀廟所《つきじほんがんじわだぼり》の敷地⑫は、江戸時代中頃から幕府の弾薬庫だったのです。明治以降も陸軍省の火薬庫になりましたがあまり使われず、関東

高井戸駅
浜田山(四)
高千穂大
高井戸東(一)
高井戸東(二)
浜田山駅
樺島
高井戸中
浜田山(二)
大宮(二)
杉並南局
高井戸東小
京王電鉄井の頭線
永福(四)
杉並区
西永福駅
浜田山(一)
杉並総合高
永福(三)
下高井戸(五)
永福町駅
永福(二)
⑮甲州道中一里塚跡
鎌倉街道入口交差点
永福小
⑬永福寺
北沢(五)
高井戸第三小
向陽中
甲州街道
⑭宗源寺
覚蔵寺
八幡山駅
上北沢小
中央ろう
京王電鉄京王線
上北沢駅
下高井戸(一)
八幡山(三)
桜上水(五)
桜上水駅
東京松沢
松沢中
松沢小
上北沢(三)
赤堤(五)
赤堤(四)
八幡山(一)
松原高
下高井戸駅
東急世田谷線
日本大
八幡山小
上北沢(一)
明大グラウンド
日本大櫻丘高
緑丘中
桜上水(三)
松原(四)
松原駅
桜上水(二)
歳台小
船橋希望中
赤堤(三)
大東学園高
船橋(七)
船橋(六)
桜上水(一)
船橋(五)
経堂小
赤堤小
宝性寺
希望丘小
歳台(三)
赤堤(一)
恵泉女学園高·中
山下駅
船橋(四)
宮坂(三)
船橋小
城署
船橋(二)
経堂(二)
千歳丘高
経堂(三)
船橋(一)
経堂駅
宮坂(二)
小田急小田原線
千歳局
経堂(四)
経堂(一)
歳台(一)
宮坂(一)

このコースで歩くルートマップ（その2）

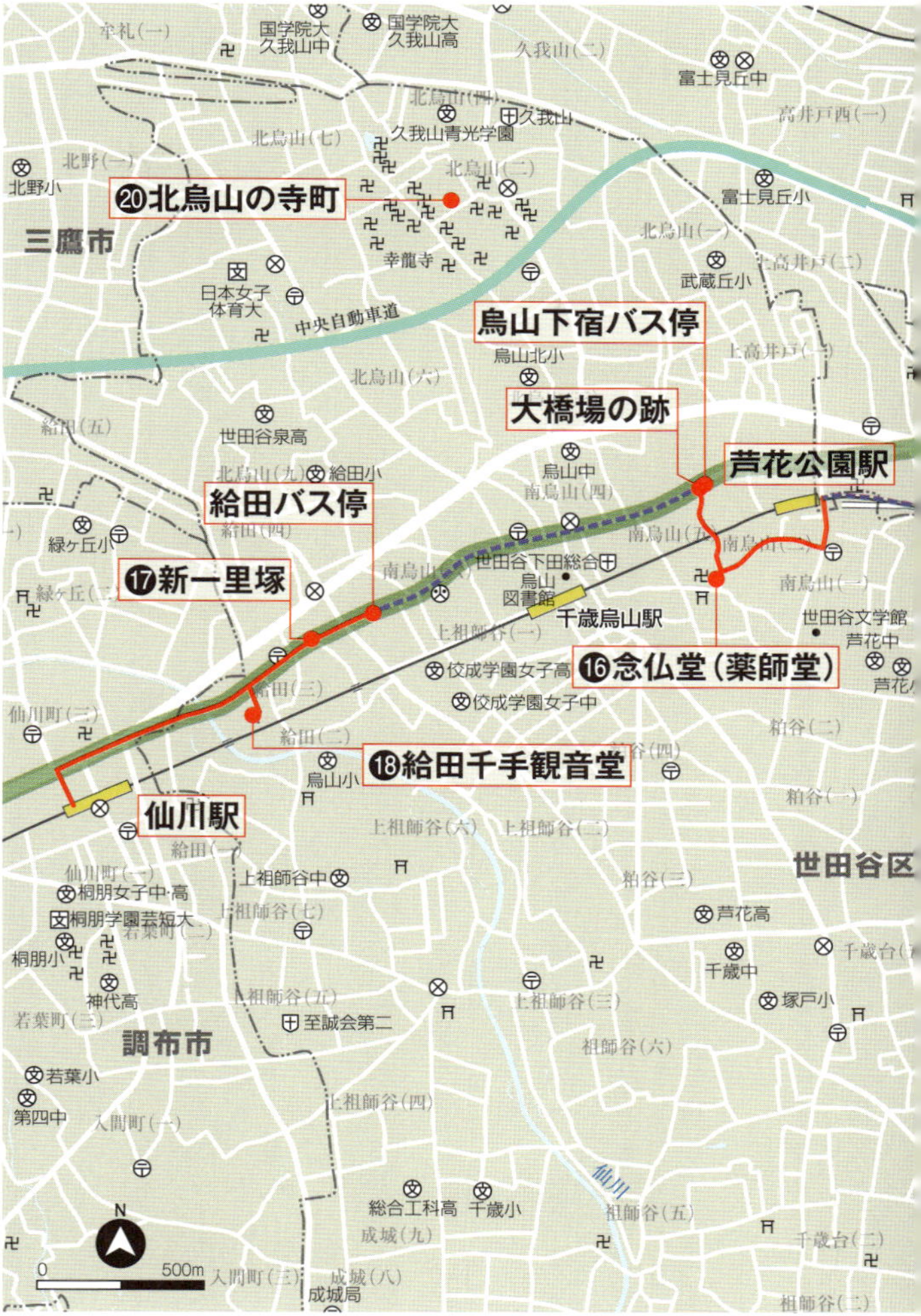

（------------- は、電車・バスでの移動ルート）

大震災を契機に売却されました。和田堀廟所については震災後に移転した他の寺とともに「永福《えいふく》の寺町」の項で紹介します。

和田堀廟所の敷地が途切れるあたりから寺町前を通る通りに右に入り、突き当たりの角を右に下っていきます。すぐに神田川を渡り、今度は坂を登って、永福一丁目交差点を過ぎた二つ目の角を右に行きます。二つ目の十字路を左で永福寺《えいふくじ》⓭の山門です。室町時代後期の創建で、地名もこの寺の名からつけられました。西門脇には杉並区でもっとも古く1643年（正保3年）に作られ、また珍しい五輪塔形の庚申塔があります。

甲州街道に戻り、下高井戸《しもたかいど》駅から桜上水《さくらじょうすい》駅までまた京王線に乗ります。余裕のある方は電車に乗らず、玉川上水跡の緑道を歩いても気持ちいいです。桜上水駅北口を出て、甲州街道の桜上水駅北交差点を左折し、少し歩いた右側に図覚蔵寺《かくぞうじ》と宗源寺《そうげんじ》⓮が少し離れてあります。

覚蔵寺は江戸時代から、日蓮が作ったという鬼子母神《きしぼじん》像で有名でした。宗源寺境内にある不動堂は、元は近くの廃寺にあったものですが、高台にあったので「高井堂」と呼ばれ、室町時代には地名も高井堂でしたが、のち高井戸に変わりました。

甲州街道左側に移って歩くと、鎌倉街道入口交差点の先に図甲州道中一里塚跡⑮の解説板があります。実際にあった場所は少し先の高架下のようです。江戸から4里、4つめの一里塚でした。この少し先で首都高と国道20号が分かれ、さらに芦《ろ》花《か》公園駅手前で現甲州街道と旧甲州街道が分かれます。

覚蔵寺の「高井堂」。高井戸の名の起こり

明治になってできた新一里塚

上北沢《かみきたざわ》駅で電車に乗り、二つ先の芦花公園駅まで行きましょう。甲州街道は北側ですが、南口に出て右に、芦花公園団地の方へ向かいます。団地内をS字にカーブして抜ける通りの突き当たりに念仏堂（薬師堂）⑯があります。

かつてこの近くには、吉良《きら》氏の菩提寺がありましたが火災で移転し、この念仏堂だけが残りました。今は近くの別の寺の仏堂です。珍しい涅槃仏《ねはんぶつ》があります。また烏山《からすやま》小学校はここで発足しています。

念仏堂前の道は江戸時代からの古い道です。北へ進み、京王線の踏切を渡ります。少し行くと旧甲州街道の手前に、橋の親柱のような「大橋場の跡」という碑や地蔵、庚申塔が立ち並んでいます。

ここには江戸時代から烏山川が流れており、甲州街道の橋が架かっていました。それが大橋場です。庚申塔や地蔵は道中の安全なども祈るもので、元禄などからの古いものが集まっています。碑には、関東大震災時にこの地で虐殺された朝鮮人労働者の慰霊の意味もあるそうです。

大橋場跡。橋のたもとには供養塔などが集まる

蘆花恒春園そばの念仏堂にある珍しい涅槃仏石像

次のポイントは遠いのでバスで行きましょう。京王線を渡り、旧甲州街道に出て右に行くとすぐに「烏山下宿」のバス停があります。「北野方面行き《きたの》」のバスに乗って「給田《きゅうでん》」で降ります。旧甲州街道を西に進んですぐ右側の大きな民家の角に、明治になって築かれた新一里塚⑰があります。

これは日本橋《にほんばし》ではなく新宿を起点に作られたもので、距離は3里でした。当時この地域が属し、短期間存在した「品川県」の名が彫られています。

さらに進んで給田三丁目の信号の次の路地を左に入って下ります。すぐに小さなお堂が見えます。給田千手観音堂⑱です。1680年（延宝8年）建立という古い供養塔など江戸時代の多数の供養塔、地蔵、庚申塔などがあるのですが由緒等がまったくわからない

今は盆踊り会場にもなる給田千手観音堂

謎の寺です。徳川氏縁故者の尼寺だったとも言われますが、資料がありません。

帰りは甲州街道に戻り、お隣りの調布市になりますが、仙川《せんかわ》駅を目指すのが一番近いです。帰りに京王線を使うと、都合5回乗車します。京王線は900円で一日乗車券が買えますので、お得なようであれば買ってください。

●周辺のその他の見どころ

永福《えいふく》の寺町（杉並区永福1丁目、下高井戸2丁目）⑲

築地本願寺の和田堀廟所を含め9つの寺が江戸市中から移転しています。曹洞《そうとう》宗の2寺は関東大震災以前ですが、あとは震災後に移っています。寺町は甲州街道の一つ裏、つまり玉川上水に沿って並んでいます。

和田堀廟所は陸軍火薬庫跡の払い下げを受け、築地の墓地をほぼすべて移転し、正式には1934年（昭和9年）に分院と

築地本願寺和田堀廟所

して発足します。しかし1945年（昭和20年）の空襲でまたも全焼するという被害に遭っています。

廟所は4万平方メートル近くあり、数々の有名人が眠っています。樋口一葉《ひぐちいちよう》、九《く》条《じょう》武子《たけこ》、海音寺《かいおんじ》潮五郎《ちょうごろう》、古賀政男《こがまさお》、水谷八重子《みずたにやえこ》（先代）、服部《はっとり》良一《りょういち》、佐藤栄作《さとうえいさく》ら、数え出すときりがありません。本堂で案内地図がいただけますのでそれを見てお参りしましょう。また墓地中央には、江戸時代の築地本願寺建設で功績のあった、佃島《つくだじま》漁民たちの墓もあります。「佃島祖先参拾参名之墓」との墓碑銘で、脇には佃島祖先由来之碑などもあります。

和田堀廟所内の佃島漁民の墓

北烏山の寺町（世田谷区北烏山2、4～6丁目）⑳

関東大震災で被害を受けた寺院が、震災後の復興計画に伴って当時の東京市なども連携して集団で移転して来ました。全部で26の移転寺院が、1924年から1949年

北烏山寺町の案内マップ

にかけて移っています。寺町へは小田急線千歳《ちとせ》烏山駅から北へ寺町通りや松葉《まつば》通りを歩いて15分ほど。寺院通一番などのバス停があるバスも駅から出ています。また寺院で作る烏山仏教会のサイト「寺町通り」には各寺院の見どころ紹介などもあり、参考になります。

移転場所になった理由の一つに豊かな自然がありますが、今も地下室は作らないなど厳格な建築協定を結んで自然環境を守っているため、街を歩くだけで気持ちよくなります。趣向を凝《こ》らした庭園、境内も多く楽しめます。高源院《こうげんいん》の鴨《かも》池はもともと自然の湧水で、冬には野鳥が集まり、紅葉も見事です。大事に維持されている玄照《げんしよう》寺《じ》のシダレザクラも見事です。

江戸以来の伝統を持つ寺ばかりで、著名人のお墓も多くあります。ごく一部ですが、妙高寺《みようこうじ》に

玄照寺のシダレザクラ

春の高源院・鴨池

は天保《てんぽう》の改革を主導した水野忠邦《みずのただくに》の墓。幸龍寺《こうりゅうじ》には「江戸名所図会」の挿絵を描いた長谷川雪旦《せったん》父子の墓。足を向けて寝られません。称往院《しょうじゅういん》には俳人の宝井其角《たからいきかく》の墓。さらに専光寺《せんこうじ》には喜多川歌麿《きたがわうたまろ》の墓があります。

大宮八幡宮（杉並区大宮2−3−1）㉑

源頼義が前九年の役を平定して帰る途中、戦勝を感謝して建てたと言いますので1000年近い歴史があります。その名の通り境内は5万平方メートルほどあり、23区内では明治神宮、靖国《やすくに》神社に次いで3番目の広さで、江戸以前から続くものでは最大です。ま

初詣でにぎわう大宮八幡堂

専光寺の喜多川歌麿の墓

称往院にある宝井其角の墓

た古くからのよい土地で、境内から見つかった弥生時代の住居跡は大宮遺跡として都の史跡となっています。今も鬱蒼とした森に囲まれ、境内の湧き水は「多摩の大宮水」として有名です。井の頭線・西永福駅から徒歩7分。

コース7

青《お》梅《うめ》街道

JR新宿駅 ▶ 西武新宿線・武蔵関駅

新宿駅東口－新宿駅西口 ……………… 0.2キロ
西新宿五丁目駅－新中野駅 …………… 3.9キロ
東高円寺駅周辺 ………………………… 0.6キロ
南阿佐ヶ谷駅周辺 ……………………… 0.7キロ
荻窪駅周辺 ……………………………… 2.3キロ
「井草八幡宮」BS－「関町二丁目」BS … 3.4キロ

歩行距離／計11.1キロ
所用時間／5時間30分

青梅《おうめ》街道は江戸の初期に、現在の青梅市の成木《なりき》で採れる石灰を江戸に運ぶ道として整備され、はじめは成木街道と呼ばれました。その後は甲州街道の新宿追分《おいわけ》と甲府を結ぶ裏街道となります。石灰は壁材などに使う漆喰《しっくい》の原料で、江戸では重要な品でした。また江戸西郊の農村物産を運ぶ道であり、産業道路でした。

❶青梅街道の説明板
❷たから第六天
❸成願寺
❹朝日が丘公園
❺宝仙寺三重塔記念碑
❻白玉稲荷
❼宝仙寺
❽煉瓦塀
❾明徳稲荷
お題目石道標
鍋屋横丁商店街
西新宿五丁目駅
新宿駅西口
青梅街道
新宿区
都庁
新井薬師前駅
中井駅
下落合駅
高田馬場駅
落合駅
東中野駅
中野坂上駅
西新宿駅
新宿西口駅
新宿駅
都庁前駅
中野新橋駅
大久保駅
新大久保駅
西武新宿駅
南新宿駅
代々木駅
初台駅
参宮橋駅
東京メトロ東西線
東京メトロ丸ノ内線
都営大江戸線
山手線
山手通り
小田急小田原線
副都心線
甲州街道
中野通り
早稲田通り
新目白通り
新宿区役所
なかのZERO
中野区保健所
東京山手メディカルセンター
東京オペラシティタワー
新国立劇場
刀剣博物館
明治神宮宝物殿
明治神宮

このコースで歩くルートマップ（その1）

（ - - - - は、電車・バスでの移動ルート）

江戸時代に象小屋があった公園

新宿駅の東口に青梅街道の説明板❶があるのをご存じでしょうか。スタジオアルタの目の前の道が青梅街道でしたが、今はＪＲの線路で途切れています。ところがよく見ると、線路下に地下道が通っています。これが江戸時代からの青梅街道の道筋なのです。

地下道の入口には「旧青梅街道」との標柱が立ちます。脇には青梅街道の歴史解説や江戸時代の地図もあり参考になります。地下道を歩いて行くとご丁寧《ていねい》に青梅街道の宿場もわかります。大正頃の地図を見ると跨線橋になっていますが、線路が広くなって地下道になったのでしょう。

西口に出ると戦後そのままのような「思い出横丁」。その脇を旧青梅街道はまっすぐに続いています。新宿西口駅から都営大江戸線に乗りましょう。

新宿駅の東口に立つ旧青梅街道案内柱

光《ひかり》が丘《おか》方面に向かい西新宿五丁目駅で降ります。山手通りに向かい、右折します。神田川へ少し下った右脇に、「たから第六天」とののぼりが並んだモダンなお堂❷があります。第六天とは明治政府によって禁じられた神仏習合の神で、第六天魔王（他化自在天《たけじざいてん》）などともいいます。武蔵《むさし》や相模《さがみ》など関東に多い神でした。

山手通りを渡り西側を中野坂上方面に進みます。神田川を渡ってすぐ左に図成願寺《じょうがんじ》❸があります。ここは中野開発の祖、中野長者・鈴木九郎《すずきくろう》の伝説の寺です。九郎は室町時代、熊野から来て中野を開拓し大金持ちになったといい、さまざまな伝説があります。九郎が屋敷に建てたのが成願寺で、墓もありましたが、今は境内に後世の供養塔が残されています。また「中野長者ものがたり」という絵巻物風の掲示がしてあります。

山手通りに戻り二つ目の路地を左に入ると、すぐに右角に朝

第六天社のお堂

成願寺の中野長者伝説の特大絵巻

日が丘公園という小公園❹があります。ここに江戸時代に象小屋がありました。8代将軍吉宗《よしむね》の時ベトナムから象が輸入され、江戸城で吉宗が見物しました。その後浜離宮《はまりきゅう》で飼われていましたが、えさ代などが膨大なため、中野村の農民らに払い下げられ、まもなく弱って死んだそうです。

山手通りに戻って中野坂上方面に向かいます。右側に渡って中野坂上交差点を越えると、山手通りから右斜めに入っていく道があり、すぐ右が中野区立第十中学校です。その敷地の角、フェンスに囲まれた中に大きな自然石の図「宝仙寺三重塔記念碑」❺があります。

この中野十中の敷地全体の中心に、かつてはポツンと三重塔が立っていました。1636年（寛永13年）の建立で高さ

象小屋があった児童遊園

宝仙寺三重の塔跡地の碑

は24メートルありましたが、空襲で焼けました。将軍や大名などではなく、地元の農民夫妻が立てたとされ、貴重なものでした。

中野坂上交差点に戻り、山手通りの反対側に行きます。北へ三つ目の路地の中に白《しら》玉《たま》稲荷❻があります。元は宝仙寺《ほうせんじ》❼の境内にありましたが明治の神仏分離で移転しました。宝仙寺創建時に源義家《みなもとのよしいえ》が神から賜《たまわ》った玉を祭っています。社殿の後ろにある鳥居は1881年（明治14年）のものですが、付近の地名などを記した文章が漢文で刻まれ、価値があります。

また中野坂上交差点に戻り、今度は右折して青梅街道を西に進みます。まもなく図宝仙寺の広い参道が右側にあります。青梅街道向かいには、大宮八幡へ向かう道が延びています。宝仙寺は平安時代末に源義家が大宮八幡のそばに創建したと言いますが、室町時代に現在地に移転してきました。

白玉稲荷鳥居に彫られた由緒書

江戸時代も大変栄え、広大な敷地を有しています。境内には石臼が積まれた石臼塚があります。江戸時代、中野では神田川の水力を利用した製粉業が盛んで、多くの石臼が使われていましたが、水力から機械力への変化で不要になったため、放置された臼を供養しています。最盛期には江戸で使われるそば粉のほとんどは中野産でした。

宝仙寺を出て山門すぐ前の道を右へ行きます。すると左側にきれいに保存された煉瓦塀❽が見えてきます。これはかつてこの塀が立っている公務員住宅敷地にあった「やままさ醤油醸造所」の工場のものです。1899年（明治32年）築で、中野の

宝仙寺にある石臼塚

やままさ醤油醸造所跡地に残された煉瓦塀

かつての三重の塔とほぼ同じに再建された塔が宝仙寺境内に立つ

煉瓦建築としては先駆けでした。

青梅街道を通じて物資の集まる中野近辺は、製粉業だけでなく、醸造業も盛んでした。やままさと同じ資本の浅田麦酒醸造所の浅田ビールは、明治中頃に国内品評会で1位になるほど有名でした。そのかつての中野の繁栄の中心地が、このあたりです。

そのまま進んだ突き当たりには、明徳稲荷❾があります。室町時代にこの地に土着して開拓を進めた堀江《ほりえ》氏の屋敷の鬼門守護の社だと言います。突き当たって左に向かい、青梅街道まで出ましょう。右に向かってしばらく歩くと鍋屋《なべや》横丁の三叉路で、左は妙法寺《みょうほうじ》へ向かう妙法寺道です。

道の入口に江戸時代には鍋屋という茶屋があり、周囲の店ともども、妙法寺への参詣客の休憩場所として賑わったといいます。鍋横商店街へ入り、少し

明徳稲荷

歩くと右側に道標を兼ねたお題目石《だいもく》が今も残ります。1718年（享保3年）の建立です。

杉並という地名の由来

青梅街道に戻って新中野駅から丸ノ内線に乗って隣の東高円寺《ひがしこうえんじ》駅まで行きます。今回は何回も地下鉄に乗り降りするので、東京メトロの一日券を買うといいでしょう。東高円寺駅周辺には、南北に寺町があります。

一番出口を出ると、農林省の蚕糸《さんし》試験場があった蚕糸の森公園⑩です。公園沿いに青梅街道の解説板があり、その先の歩道に大きな金属製の灯籠が立っています。明治以降、ここを曲がって妙法寺に参詣する人が増えたので、19

蚕糸の森公園前に立つ妙法寺道の灯籠

鍋横商店街途中にある妙法寺への道標

10年（明治43年）に立てられました。
灯籠の先の青梅街道の高円寺陸橋下交差点を右に行くと、環七脇のマンション片隅に庚申塔などが集められた場所⑪があります。古くは1670年（寛文10年）から1728年（享保13年）まで、庚申塔や阿弥陀如来像などが集められています。

また東高円寺駅まで戻り、丸ノ内線で2駅、南《みな》阿《み》佐《あさ》ヶ谷《や》駅まで乗ります。この駅は杉並区役所と直結しています。ちなみに杉並の名は、江戸時代にあたりを領地にしていた旗本が、領地境界を明らかにするために杉並木を植えていたからだと言います。

区役所の裏に有名な阿佐谷パールセンター商店街があります。青梅街道沿いのパールセンター入口から入り少し行くと、左斜めうしろにすずらん通り商店街が

東高円寺駅そばの庚申塔などのお堂

分かれていきます。その入口の左側に一段下がっていく細い道があり、車が通れない遊歩道となっています。ここはかつて、江戸時代に造られた新堀用水⓬という農業用水路がありました。

この用水路は１８４１年（天保12年）に天保の飢饉《ききん》を契機に造られたのですが、青梅街道の下にトンネルで造られた用水路で、このあたりに出口がありました。下流の桃園川《ももぞのがわ》流域は常に水不足で、水量豊かな善福寺《ぜんぷくじ》川から水を分けることを計画し、２カ所で６５０メートルもの地下水路を造りました。

驚くことに最近の宅地開発でそのトンネルが見つかりました。水路の中継点だった弁天池があった成宗《なりむね》弁財天社（成田東5―29―4）には、用水路の記念碑と用水に架かっていた石橋が残されています⓭。

新堀用水はこの下のトンネルから出て、向こうへ流れていた

パールセンター商店街をＪＲの阿佐ヶ谷駅方向に進んでいくと、右にカフェチェーンがある十字路の左手前角に、石仏が二つ並んでいます。ともに１６９１年（元禄4年）建立の庚申塔と地蔵像⑭です。

パールセンターの道⑮は江戸時代には権現道《ごんげんみち》と呼ばれ、北は現在の練馬区貫井《ぬくい》にある子《ね》の権現（円光院《えんこういん》）から、南は大宮八幡まで続く参詣道でした。鎌倉道だという説もあるくらい古い道で、この十字路の左右の道も江戸時代からある古い道です。３００年以上前の石仏が、建物のスペースを分けて、きちんと祭られています。

荻窪《おぎくぼ》駅から石神井公園へ

南阿佐ヶ谷駅に戻り、丸ノ内線で次の終点荻窪《おぎくぼ》駅ま

パールセンター内に残る庚申塔

成宗弁財天社に残る新堀用水に架かっていた石橋

⑫新堀用水
⑬成宗弁財天
⑭庚申搭と地蔵像
⑮権現道パールセンター商店街
⑯最初の角
⑰二つの庚申堂
⑱天沼八幡
⑲天沼弁天池公園
⑳荻窪白山通り商店街
㉑白山神社
㉒四面道交差点
㉓観泉寺
光明院
荻窪警察署前バス停
中央大学杉並高校バス停
青梅街道
荻窪駅
阿佐ヶ谷駅
南阿佐ヶ谷駅
杉並区役所
東京メトロ丸ノ内線
井荻駅
下井草駅
鷺ノ宮駅
富士見台駅
中村橋駅
中野区
練馬区
杉並区
妙正寺川
環八通り
笹目通り

このコースで歩くルートマップ（その2）

（-------- は、電車・バスでの移動ルート）

で行きましょう。このように丸ノ内線はずっと青梅街道の下を通っています。荻窪駅のあたり車道はやや北を迂回していますが、メトロは江戸時代の青梅街道に沿っています。

さて北口に出て、青梅街道を右に行きます。荻窪駅前入口の信号を過ぎて、最初の角⓰を左に入ります。十字路を過ぎた左側に共同墓地があり、入口近くに江戸時代の地蔵があります。さらに進んで三つめの路地の右側に小さなお堂があり、二つの庚申塔⓱が祭られています。こうした道は古い道です。

そのまま進んで角のお風呂屋さんの所を左折し、突き当たりを右に行くと天沼《あまぬま》八幡⓲があります。室町時代末期創建で、このあたりの鎮守でした。社前の道を進んでいくと、突き当たりに和風の門があり、中は公園です。

荻窪駅北側一角にある庚申堂

公園は天沼弁天池公園⑲と言い、かつてはその名の通り大きな湧水池があって桃園川の源流でした。天沼の地名もこの池が発祥だと言います。池は天沼八幡の境内地でしたが、1950年代には湧水は涸《か》れ、1975年に西武鉄道に売られて「西武ゴルフ研修所」という施設を造る際に埋められてしまいました。

現在は杉並区立郷土博物館の分館もあります。公園外の片隅に、だれが建てたのか小さな弁天社がありました。

公園脇の道を左に向かい、十字路を左、突き当たりを右。皮膚科医院の角を道なりに進むと荻窪駅前に出ますので、タウンセブン裏の道へ入ります。今は荻窪白山通り商店街（荻窪ハクサンタウンズ）⑳ですが、江戸時代からこの先の白山神社㉑と光明院《こうみょういん》の門前を通る道でした。

白山神社は通りを進むと、右側の長い参道の奥

天沼の地名の起こりとなった池があった天沼弁天池公園

にあります。社伝では創建は500年以上前で、歯痛の神様として人気でした。参道前の社号の揮毫《きごう》は、荻窪に邸宅を構えていた近衛文麿《このえふみまろ》のものです。さらにまっすぐ進むと環八をまたぎ、正面に光明院の山門があります。本尊の千手観音像は南北朝時代の作で、白山神社と同様、500年以上前からこの地にあったようです。

荻窪駅に戻りバスに乗りましょう。「石神井《しゃくじい》公園駅行き」に乗って「中央大学杉並高校」で降ります（この間の距離は2・0キロ）。途中で通る青梅街道と環八の交差点㉒は「四面道《しめんどう》」という名です。下井草《しもいぐさ》村、上荻窪村、下荻窪村、天沼村の四つの村の境界で四辻がありました。そこに神社があり、四方を照らす灯籠を置いたので「四面灯」「四面塔」がいつしか「四面道」になりました。古くからの土地の人は今でも「しめんと」と読むそうです。

バスを降りるとすぐそばに観泉寺《かんせんじ》㉓参道があります。江戸時代になってあたりを領地とした今川《いまがわ》氏の菩提寺になり、整備されました。今川家は義元《よしもと》が織田信長《おだのぶなが》に討たれて以降衰えますが、江戸時代には儀式などを預かる高家《こうけ》として生き延びます。周囲の今川の地名は今川氏にちなみます。墓地には義元の子氏真《うじまさ》以降の一族の墓があります。

バスで「荻窪警察署前」まで戻りましょう（この間の距離0・6キロ）。歩いても大した距離ではありません。青梅街道を挟んで警察署の向かいに荻窪八幡㉔があります。今から1100年以上前にできたといい、源頼義が奥州に向かう途中戦勝祈願したと伝わります。また太田道灌《おおたどうかん》も豊島《としま》氏との決戦に際し、やはりここに祈願し、その時植えたコウヤマキがご神木として今も守られています。また先の四面道にあった灯籠が移されてここに保存されています。1854年（嘉永7年）の銘があります。

四面道にあった常夜灯

観泉寺の今川家墓地

頼朝が「遅い」と言ったのでついた地名

また「荻窪警察署前」から「石神井公園駅行き」のバスに乗り、「井草《いぐさ》八幡宮」バス停で降りると（この間の距離1・0キロ）、すぐ先の左側に巨大な灯籠と鳥居の立つ井草八幡の参道㉕が延びています。境内はやや高くなっており、すぐ南に善福寺川が流れて古代よりいい土地だったようです。縄文時代の住居跡なども発見されており、中でも顔面把手《とって》付釣手《つりて》形《がた》土器は国の重要文化財として保管されています。この神社にもお手植え伝説があり、源頼朝《よりとも》が植えた松がありましたが近年枯れてしまい、今は2代目がそびえています。

青梅街道に戻り歩いて行きましょう。歩道橋を過ぎると左手角に「江戸向き地蔵」

巨大な井草八幡の鳥居

と大きな看板が立ち、文字通り江戸を向いた地蔵など石像物が並んでいます。左側の道を入ると、まもなく右に善福寺㉖がありますが、昭和になって地名から改名した寺です。さらに進むと地名の元ともなった善福寺池㉗があります。周囲は善福寺公園です。かつてこの池のほとりに別の善福寺という寺があったようですが、洪水で流され再興できなかったといいます。

池沿いに巡っていくと、右手に遅野井《おそのい》の跡㉘があります。かつて源頼朝の軍勢がこのあたりを通りかかった際、のどが渇いていたので頼朝が地面を弓で掘りましたが、なかなか水が出ない。「遅い」と言ったところ水が噴き出し軍勢は渇きを癒《いや》したと言います。今は滝のような石組みから水が出ていますが地下水をくみ上げています。

かつてはあたりの地名も遅野井でした。遅野井の向かいが

江戸向き地蔵。右は青梅街道

善福寺池。真ん中は弁天堂

今は市杵島《いちきしま》神社、江戸時代は弁天社です。頼朝が江の島の弁財天を祭ったそうです。

善福寺の方へ戻り、手前角の善福寺三丁目交差点を左に行きます。青梅街道に出て左へ行くとすぐに竹下稲荷㉙があり、社前に青梅街道の解説板があります。

さらに歩くと「水道端」というバス停があり、脇に庚申塔などが並んでいます。はて水道とは?と探すと裏に用水路のようなものがあります。これは江戸時代に多摩川から引かれた千川《せんかわ》上水の名残《なごり》です。かつては青梅街道を横切って、延々江戸まで続いていました。庚申塔は上水と街道の橋と両方の守りを兼ねていたのでしょう。

関のかんかん地蔵。足元の方がすり減っている

わずかに残る千川上水の跡

この先にまた歩道橋があり、それを過ぎた右側には「関《せき》のかんかん地蔵」のお堂㉚があります。地蔵を石で叩いて祈ると願いが叶うという信仰があり、この地蔵は材質からかんかんと音がするのでこのような名になりました。江戸時代中頃には立てられていたようです。

青梅街道の反対側やや右手に「関町二丁目」のバス停があり、西武新宿線・武蔵関《むさしせき》駅行きのバスが出ています。そちらから帰りましょう。

●周辺のその他の見どころ

妙法寺《みょうほうじ》周辺の寺町（杉並区堀ノ内3丁目、梅里《うめざと》1丁目など）

青梅街道と環七が交わる周辺には、江戸市中から明治維新後に移転してきた寺が非常に多くあります。三つに分けてご紹介します。

妙法寺㉛は移転寺院ではありませんが、周囲にいくつかの寺院が移転しています。妙法寺は江戸時代の中頃までは大きな寺ではありませんでしたが、「やくよけの祖師」

が妙法寺に移されてから大変な人気を呼びます。江戸名所図会にも「すこぶる盛大の寺院」とあります。「やくよけの祖師」とは日蓮の弟子の日朗《にちろう》が刻んで日蓮自身が開眼した日蓮像で、日蓮42歳の時のことだったためこのように呼ばれるようになりました。

広大な境内には見どころがたくさんあります。入口の仁王門は１７８７年（天明７年）のもので、中の仁王像は元は赤坂の山王《さんのう》権現にあった、徳川家綱《いえつな》寄進のものといいます。祖師像のある祖師堂は１８１２年（文化9年）の再建です。また寺務所前の鉄門は１８７８年（明治11年）、ジョサイア・コンドルの設計で、国の重要文化財で

江戸時代後期築の妙法寺祖師堂

妙法寺鉄門

す。極彩色の鳳凰《ほうおう》が乗る特異な和洋折衷の門です。

環七に面した真盛寺《しんせいじ》㉜は1922年（大正11年）に、本所《ほんじょ》（現在の日本たばこ東京工場あたり）から移転しました。三井家が江戸に来て以来の菩提寺で三井寺とも呼ばれています。本殿など江戸期の建物も残り、客殿は明治に建てられた目白《めじろ》の細川《ほそかわ》家邸を、関東大震災後に移築しました。

環七を挟んで反対側にある蓮光寺《れんこうじ》㉝は浅草から1915年（大正4年）に移転しました。戦中に日本とともにインド独立運動を戦ったチャンドラ・ボースの遺骨があり、境内には胸像もあります。

高円寺南の寺町（杉並区高円寺南2丁目）

妙法寺などとは青梅街道を挟んだ北側にあります。長善《ちょうぜん》寺《じ》㉞は1926年（大正15年）に西日暮里《にしにっぽり》から移転してきま

真盛寺の客殿

蓮光寺のボース像

したが、神仏分離で禁止されたはずの三十番神《さんじゆうばんしん》を祭る三十番神堂が残っており、神像も拝めて大変貴重です。三十番神とは月の1日ごとに決まった守護神を信仰する、特に日蓮宗で多い信仰です。

長龍寺《ちようりゆうじ》㉟には豆腐地蔵があります。昔は市《いち》ヶ谷《や》にあり、その頃近くの豆腐屋に僧が豆腐を買いに来ましたが、あとで見ると金が木の葉になっていました。驚いた豆腐屋がお上に届け、再び豆腐を買って帰ろうとする僧に役人が斬りつけました。すると翌朝、長龍寺の地蔵の耳がなくなっていたそうです。隣の宗泰院《そうたいいん》はかつて市ヶ谷でも隣り合ってい

三十番神堂の堂内。ご神像も見える

長龍寺の豆腐地蔵

ました。松応寺《しょうおうじ》には江戸末期の学者・佐藤信淵《のぶひろ》の墓があります。

新高円寺の寺町（杉並区松《まつ》ノ木《き》3丁目、梅里1丁目）

新高円寺駅南側に広がっています。慶安寺《けいあんじ》には杉田玄白《げんぱく》とともに『解体新書』を翻訳出版した前野《まえの》良沢《りょうたく》の墓があります。西方寺《さいほうじ》は移転前にはこのコースの出発点、新宿駅東口の青梅街道沿いにありました。ヤマダ電機のあたりです。有名な堀ノ内斎場はすぐ近くです。

この付近の寺町は、関東大震災以前の明治期の市街地再開発で移転してきた寺院がほとんどです。

祥伝社新書

天皇諡号《しごう》が語る 古代史の真相

天皇の名で、古代史を読み解く

天皇の死後に贈られた名「諡号」を元に、神武天皇から聖武天皇にいたる壮大な古代の通史をひもとく。「神武」「応神」などの、漢字二文字の漢風《かんふう》諡号に隠された秘密とは何か。

歴史作家 **関 裕二**（監修）

■本体９４０円＋税

978-4-396-11469-5

関 裕二の好評既刊

源氏と平家の誕生 ■本体７８０円＋税 978-4-396-11278-3

神社が語る 古代12氏族の正体 ■本体８４０円＋税 978-4-396-11370-4

信濃が語る 古代氏族と天皇——善光寺と諏訪大社の謎 ■本体８４０円＋税 978-4-396-11415-2

最新刊 6月

不自由な男たち

——その生きづらさは、どこから来るのか

タレント エッセイスト **小島慶子**

武蔵大学助教 **田中俊之**

男の生き方は、変えられる！

子どもの頃から競争を強いられ、縛られてきた男たち。注目の二人が、さまざまなテーマで男の生きづらさについて議論する。

■本体８２０円＋税

978-4-396-11467-1

コース 8

所沢道《ところざわみち》

JR高田馬場駅 ▶ 西武池袋線・大泉学園駅

高田馬場駅－「中野区役所前」BS ………5.7キロ
「お伊勢の森」BS－「東原」BS …………0.4キロ
「下井草一丁目」BS－「下井草駅」BS ……3.3キロ
「禅定院前」BS－「石神井郵便局前」BS ……2.3キロ

歩行距離／計11.7キロ
所用時間／5時間

所沢道《ところざわみち》はおおむね今の早稲田《わせだ》通りと、旧早稲田通りにあたります。青梅街道の鍋屋横丁あたりから分岐して始まるのが本来の所沢道ですが、ここでは案内の都合上、やはり江戸時代からの道で、所沢道に続いていた高田馬場《たかだのばば》から出発します。

❸落合中央公園
❹巨大な石の下水管
❺月見岡八幡
❶観音寺
上高田の寺町
❻中山御立場跡
小滝橋
❷小滝橋延命地蔵尊
シチズンプラザ
高田馬場駅
早稲田口
東京メトロ東西線
豊島区
新宿区
東長崎駅
椎名町駅
池袋駅
落合南長崎駅
目白駅
下落合駅
中井駅
落合駅
東中野駅
大久保駅
新大久保駅
東新宿駅
中野坂上駅
西新宿駅
西武新宿駅
新宿西口駅
新宿駅
都庁前駅
新宿三丁目駅
西新宿五丁目駅
野新橋駅
都庁
新宿区役所
西武池袋線
都営大江戸線
山手線
東京メトロ丸ノ内線
東京メトロ副都心線
都営新宿線
新目白通り
目白通り
山手通り
妙正寺川
立教大
立教小
豊島税務署
平塚胃腸
池袋署
金剛院
長崎小
椎名町小
富士見台小
池袋第三小
西池袋中
目白
落合第六小
落合第二中
落合第三小
落合第一小
上智大
聖母
落合中
薬王院
落合第四小
学習院大
切手の博物館
目白研心高·中
目白大·短大
講堂
東京富士大·短大
戸塚第三小
落合第五小
高田馬場
落合第二小
落合局
白桜小
新宿西戸山中
新宿署
西戸山小
保善高
早稲田大
海城高·中
戸山小
東京山手
メディカルセンター
淀橋第四小
氷川神社
谷戸小
実践学園高·中
堀越高
こども教育宝仙大
塔山小
柏木小
春山記念
新宿税務署
大久保小
中野署
宝仙学園高·中
第十中
大智学園高
天神小
桃園小
西新宿中
東京医大
新宿署
東京工芸大
向台小
新宿局
工学院大
明治大附属中野高·中
第三中

このコースで歩くルートマップ（その1）

（━━━━━━ は、電車・バスでの移動ルート）

中野区役所前に犬の群像がある理由

高田馬場《たかだのばば》駅の早稲田《わせだ》口を出て左に向かいます。早稲田通りをしばらく進んでボウリング場などがあるシチズン時計発祥地、シチズンプラザを過ぎ、少し歩くと信号のある十字路右奥にお寺が見えます。観音寺《かんのんじ》❶です。江戸の初め頃、地元の名主中村《なかむら》氏の創建といいます。

中村家は今の戸山《とやま》公園にあった尾張《おわり》藩屋敷の御用聞き業者として大変裕福な豪農でした。その様子は残されていた6000点近くもある中村家文書から知ることができます。文書は新宿歴史博物館に保存され、江戸の農家と大名屋敷の関わりを知る重要な資料になっています。

モダンな外観の観音寺

大名屋敷の運営は、実は江戸郊外の農家なしには回りませんでした。中村家はそれほど広い農地を持っていたわけではありませんが、尾張家とのビジネスのおかげで江戸周辺有数の富農だったようです。中村家が派遣した下請け農民には、このあと向かう遅野井《おそのい》村、石神井《しゃくじい》村などの農民も多くおり、きっとこの所沢道《ところざわみち》を使って通っていたのでしょう。農民も農業だけでなく、江戸と絡むさまざまな仕事で生きていたのです。

早稲田通りに戻り、先に進むと、まもなく小滝橋《おたきばし》通りの変則交差点です。その一角、小さなラーメン店の並びに小滝橋延命地蔵尊❷があります。脇にある小さな道標には「右新宿停車場道」などと書かれており、明治以降もこうした道標に案内場所が加えられていたことがわかります。

神田川に架かる小滝橋を渡り、坂を登ります。「落合水再生センター南」の信号を右に行きます。まもなく右側に広大な落合中央公園❸が現われますが、この下に水再生センター、つまり下水処理場があります。

このあたりには図泰雲寺《たいうんじ》というお寺がありり

小滝橋延命地蔵尊

ましたが明治末に廃寺になりました。実質的な開山は了然尼《りようぜんに》という尼僧ですが、この人は京で宮仕えをしてから江戸に下って高僧に教えを請いましたが、美貌であったため入門を許されず、そのため火箸で顔を焼いたという逸話の持ち主です。山門が目《め》黒《ぐろ》の海福寺《かいふくじ》に移築され残っています。江戸中期の堂々たる四脚門で、目黒区の文化財になっています。

またセンターの前庭には、四谷《よつや》荒木《あらき》町の高須《たかす》藩松平《まつだいら》家屋敷跡で発掘された巨大な石の下水管❹が展示されています。驚くことにこの下水管の一部はまだ発掘地で現役の施設として機能しています。

センターから早稲田通りの方に戻り、途中の落合中央公園へ登る階段のところで右の

高須藩松平家屋敷跡から発掘された巨大石組み

泰雲寺にあった四脚門

路地に入ります。少し登ると左角に月見岡八幡《つきみがおか》❺があります。元はすぐ近くの八幡公園あたりにありましたが、水再生センター建設に伴い移転しました。

源《みなもとの》　義家《よしいえ》が戦勝祈願をしたと言い、境内には新宿区内で一番古い１６４７年（正保４年）建立の庚申塔《こうしんとう》があります。珍しい宝篋印塔《ほうきょういん》という形式です。富士塚もあります。元は近くにあった浅間《せんげん》神社のもので古墳上に江戸中期に築かれていましたが、昭和の初めに神社が壊され、富士塚は移されました。

社前の道を南に行って早稲田通りに戻ります。右に行き、上落合《かみおちあい》一丁目交差点で早稲田通りの反対側に渡り高田馬場方面に戻って右の路地に入ります。そのまま道なりに進んでいくと廃校になった学校跡のフェンスの中に「中山御立場跡」という解説板❻がありましたが、今は工事中で見られません。

御立場というのは鷹狩りで将軍が鷹を放つ場所です。なんと江戸の郊外はすべて将軍の

月見岡八幡にある新宿区最古の庚申塔

鷹狩り場でした。江戸中期以降は葛西《かさい》筋、岩淵《いわぶち》筋、戸田筋、中野筋、目黒筋、品川筋と6つの方面に鷹場が分けられ、それぞれに管理する施設と役人を置いて鷹狩りに備えました。

ここは中野筋に属し、中山という旗本の屋敷があったので、この名になりました。鷹狩りは芸能や遊興ではなく、将軍の権威を示す重要な儀式で特権でした。また軍事教練でもあり、多くの農民が動員されましたが、田畑も荒らされるので大迷惑でした。

北野神社の庚申塔

早稲田通りに戻って西に進みます。山手通りを越える手前に先ほどの富士塚があり、地名も「大塚」でした。まもなく上高田《かみたかだ》の寺町となります。

寺町を抜けて上高田二丁目交差点を左折します。少しくだって小さな十字路を右に入ると北野神社❼があります。この境内には元禄期の比較的古い庚申塔などがあります。元は神社前の道端にありました。神社の西の道は、江戸時代に中野の中心だった本町あたりと新井薬師を結ぶ古い道です。

神社前の道を西へ道なりに進んでいくと中野駅前に出ます。最近建て替えが決まった中野区役所前にはかわいい犬たちの群像があります。ここには5代将軍綱《つな》吉《よし》の時代、広大な犬小屋が広がっていました。

今でこそ中野区の中心はこの駅前ですが、江戸時代は閑散とした野原で、そのため広大な犬小屋が建設できたのです。面積は100ヘクタールほどもあり、8万頭が収容されていたそうです。明治以降は軍用地とされ、繁華街となるのは戦後のことです。

中野区役所前の犬の像。建て替え後はどうなるか

阿佐ヶ谷にある「お伊勢の森」

区役所裏の「区役所前」バス停（ややこしい）❽からバスに乗ります。関東バスの「阿佐ヶ谷駅行き」に乗りますが、このあとも何回か乗るので一日券を買いましょ

⑲井草観音堂
下井草駅バス停
⑱庚申塔
⑰所沢道
⑬下井草一丁目バス停
阿佐谷営業所バス停
妙正寺川
⑫東原バス停
⑪阿佐谷庚申堂
⑩蓮華寺
等正寺
沓掛小学校
第九小学校前バス停
④妙正寺
お伊勢の森児童遊園
⑨お伊勢の森バス停
所沢道
下井草駅
鷺ノ宮駅
都立家政駅
富士見台駅
中村橋駅
豊島園駅
練馬高野台駅
練馬区役所
練馬美術館
練馬図書館
としまえん
都営大江戸線
西武池袋線
西武新宿線
中野区
杉並区
石神井川
環八通り
千川通り
早稲田通り
妙正寺川
高松小
練馬中
春日小
富士見台小
練馬第二小
貫井中
向山小
第四商業高
石神井東小
練馬第三小
富士見高·中
中村西小
豊玉小
上鷺宮小
中村小
南蔵院
八成小
北中野中
武蔵丘高
稔ヶ丘高
武蔵台小
中村中
第八中
鷺宮小
桃井第五小
鷺宮高
北原小
中瀬中
東原中
杉並第九小
天沼中
天沼小
日本大第二高·中
杉森中
馬橋小
東京衛生

このコースで歩くルートマップ（その2）

（－－－－－－－は、電車・バスでの移動ルート）

う。「お伊勢の森」⑨で降ります（この間の距離2・1キロ）。バス停の少し先に説明板がありますが、阿佐ヶ谷駅前にある図阿佐ヶ谷神明宮《しんめいぐう》の旧社地だったため「元伊勢」（神明宮は伊勢神宮を分社したもの）との地名になり、今も「お伊勢の森児童遊園」などがあります。バス停から石神井方面を向くと右斜めに分かれる道があるので、入っていくとすぐに右側に移蓮華寺《れんげじ》⑩があります。

蓮華寺は元は文京区関口《せきぐち》にあり、旧地には関口台町小学校が建っています。1911年（明治44年）に移転しました。早稲田通りでつながっていますね。本堂前には「山荘の碑」が立っています。山荘とは、旧地近くの小日向《こひなた》にあったキリシタン屋敷のことです。最近、密入国した宣教師シドッチの遺骨が発掘されて話題になりました。屋敷は隠れキリシタンらを収容するなどしていましたが、江戸時代末期に移ってきた旗本が、獄死者の霊を弔って建てたのがこの碑です。のちに蓮華寺に移り、寺とともに移転しました。

キリシタン屋敷にあった
山荘の碑

早稲田通りに戻ります。杉森中の先、コンビニの手前の道の左側に阿佐ヶ谷庚申堂⓫があり、中に庚申塔などが並んでいます。元禄頃の古いものもあります。ここは天沼《あまぬま》などを通り、所沢道と青梅街道を結ぶ道の分岐点でした。

出格子《でごうし》造りの武者窓《むしやまど》まである農家の長屋門

その先の「東原」バス停⓬でバスに乗ります。「阿佐ヶ谷駅行き」なら「第九小学校前」で、「阿佐谷営業所行き」なら終点で降り、やはり関東バスの「石神井公園駅行き」バスに乗りかえて「下井草一丁目」⓭で降ります（この間の距離1・2キロ）。バス停は旧早稲田通りに曲がりますので早稲田通りに戻って進み、妙正寺《みようしようじ》川に突き当たったら川沿いを左に行って最初の橋を渡ります。

阿佐ヶ谷庚申堂

道なりに進むと、右に等正寺《とうじょうじ》というお寺がありますのでそこを左に。また妙正寺川を渡って沓掛《くつかけ》小の脇を登り学校の角を右です。しばらく進むと右に妙正寺⑭があります。近くの池や川の名はこのお寺から来ています。室町時代初期の創建で、三十番神《さんじゅうばんしん》を祭る日蓮宗のお寺でした。境内に三十番神の神名を記した碑が残ります。

北には妙正寺《みょうしょうじ》公園があります。ここが妙正寺川の源流です。公園の北側から出て左に行き、すぐに右へ行くと左の丘に中瀬《なかせ》天祖神社があります。江戸時代までは妙正寺の十《じゅう》羅刹《らせつ》堂でしたが、神仏分離で天祖神社と改称し祭神も替えられます。そして明治以降ご神

妙正寺の三十番神の碑。
神名が列挙してある

妙正寺公園

体は石棒になり、これを男根に見立てて子宝に御利益があると各地から参拝者があったそうです。

神社前の坂を下ると早稲田通りに戻ります。右へ行き、井草川跡の遊歩道を横切ると左は中瀬中学校で、その前、バス停の所に早稲田通りの解説板⑮があります。学校の角を左に入り、三叉路は右です。すぐに左手に大きな門が見えてきます。

これは江戸時代にあたりの村役人をしていた農家、田中家の長屋門⑯で、出格子《でごうし》造りの武者窓《むしゃまど》まであります。本来武家にしか許されない造りですが、江戸時代も後期になるとこのような建物が増えてきます。農民は虐《しいた》げられるだけの存在ではなく、生産の担い手としてそれなりの力を持っていたのです。

田中家の長屋門

門前の道をしばらく進むとやがて旧早稲田通り、所沢道に戻ります⑰。ここを左です。二つ目の十字路、まず左角に１７４１年（寛保元年）造の道標を兼ねた庚申塔⓲があります。次に右へ少し行くと今度は地蔵が立っており、１８１２年（文化９年）造でやはり道標を兼ねています。

先の信号を左です。右角の豪邸は江戸から続く豪農です。すぐ次の信号は右で、そのまま下井草駅脇の踏切を越えます。越えてすぐ左手に小さなお堂があります。井草観音堂⓳といい、このあと行く三宝寺《さんぽうじ》の仏堂ですが、元は江戸時代初期に近辺の農民の手で作られました。堂内には１６６７年（寛文７年）造立の石造の如意輪観音と地蔵菩薩が祭られつつ、今も地域の集会所として利用されています。

下井草の庚申塔

素朴な信仰の残る井草観音堂の観音像と地蔵像

三宝寺《さんぽうじ》の巨大な山門

踏切を戻って旧早稲田通り沿いの「下井草駅」バス停で「石神井公園駅行き」に乗ります。バスから見ていても、「八成小」バス停近くの井草2-16、「井草二丁目」バス停近くの井草2-24などの街道沿いにしばしば庚申塔が見えます。10分ほど走って「禅定院《ぜんじょういん》前」で降ります（この間の距離2・3キロ）。禅定院⓴は数百年前の創建とい い、本堂前には1370年（応安3年）、1386年（至徳3年）の年号のある板碑が無造作に立っていて寺の歴史を物語ります。

下井草方面から見て左が所沢道です。コンビニを過ぎた次の右斜め後ろに登ります。登った左側に池淵《いけぶち》史跡公園㉑があります。この付近からは縄文時代の住居跡などが見つかり、一部は埋め戻されて保存されています。公園には練馬区内から移築された1887年（明治20年）築の民家がありイベントなどに使われています。また散策路には周辺から集められた庚申塔などがあります。

公園を出ると隣は練馬区立博物館とでもいうべき石神井公園ふるさと文化館㉒があります。わかりやすい展示で練馬区の歴史がよくわかります。休憩コーナーがあり、ここの武蔵野うどんはなかなかです。

文化館前の車道を左に行き、最初の信号を右に曲がると、右角に「所沢道」の解説板と石標があります。曲がった道の左側、石神井小学校の手前には大きく黒い「甘藍《かんらん》の碑」が立ちます。甘藍とはキャベツのこと。練馬区はダイコンが有名ですが、今はキャベツの産地で、1998年（平成10年）に造られました。

そしてすぐ右に道場寺㉓。室町時代初期に豊島《としま》氏一族が建立したと言います。墓地には最後の石神井城主豊島泰経《やすつね》らの墓と言われる3基の石塔があります。

道場寺のすぐ先が図三宝寺㉔です。江戸時代から大寺で、ここを目指して参詣しに来る江戸市民も多かったようです。道場寺同様、室町時代初期の創建ですが、昔は先の禅定院あたりにあったのを、太田道灌《おおたどうかん》が豊島氏を滅ぼして

「甘藍の碑」

道場寺にある豊島泰経らの墓

のちここに移転させたと言います。

巨大な山門は将軍お成りのための門だといい、格式の高さがうかがえます。山門を入って左手の大黒堂は地階が地蔵堂となっていますが、その中に大量の板碑が展示してあり壮観です。また山門右手には武家《ぶけ》風の長屋門がありますが、これは勝海舟《かつかいしゅう》が明治以降住んだ赤坂の家の門を移築したものだと言います。

三宝寺を出ると旧早稲田通りは少し登り坂になり、右手に図氷川《ひかわ》神社㉕の長い参道が現われます。元は豊島氏が室町の初め頃にさいたま市の氷川社を勧請したもので、石神井城落城後に現在地に移ったと言います。江戸時代は石神井郷の

シダレザクラの美しい三宝寺

将軍が使った三宝寺の山門

総鎮守でした。境内にはそのことを示す1727年（享保12年）銘の手水鉢や、江戸時代になって豊島氏の後裔が寄進した灯籠などが残ります。

氷川神社境内を出てすぐの道を右に行き、三叉路を左ですぐ右に入ります。三宝寺池を望む階段を下ると正面に厳島《いつくしま》神社のある島㉖があります。厳島神社の右手には水《すい》神社があります。

水神社の方へ池沿いの道を進むとすぐに図石神井城跡の碑が見えます。平安時代から室町時代までこの地方に勢力を振るった豊島氏が太田道灌に滅ぼされた城跡です。

豊島氏は古くは古代の郡衙《ぐんが》が置かれた今の北区の滝《たき》野川《のがわ》公園あたりに根拠地を持ってい

豊島氏の最後の拠点だった石神井城跡。史跡は後ろの森

石神井郷総鎮守の氷川神社

ましたが、しだいに石神井川上流に移り、14世紀末には石神井城に拠っていたようです。関東管領上杉《うえすぎ》家の家宰だった長尾景春《ながおかげはる》が謀反を起こした際に豊島氏は長尾氏につき、扇谷《おうぎがやつ》上杉家家宰の太田道灌と戦うこととなります。決戦は江古田原《えごたはら》、沼袋《ぬまぶくろ》で行なわれ豊島勢は惨敗。さらに根拠地石神井城も落城して豊島氏は滅亡します。

城は碑が立つあたりが中心で、近年の発掘により、幅12メートル深さ6メートルもの堀沿いにさらに高さ3メートルもの土塁があったことがわかりました。室町期の城ですので石垣はありませんが、大規模な城です。中心部では建物の跡も見つかりました。散策して堀などの遺構を見ることはできますが、核心部分は保護のためフェンスで囲まれ、立ち入りできません。

三宝寺池上の橋を渡って対岸に行きます。渡ったところで左に向かい、森の中を進んで前方に池の端から上に登る道がありますので登ります。左右に遊歩道が

高原の風情の三宝寺池

あるので右に行くと、大きな木の下に小さな祠があります㉗。これは現在は姫塚《ひめづか》と呼ばれ、石神井城落城時に三宝寺池に身を投げた豊島泰経の娘、照姫《てるひめ》の墓だと言います。さらにその先には殿塚《とのづか》があり、こちらは豊島泰経の墓だとされます。

近年、公園と駅の商店街で毎年5月に「照姫まつり」が開かれ大変賑わいますが、江戸名所図会などには姫塚というものは載っておらず、同じ場所に図照日《てるひ》塚がある、と書かれています。三宝寺住職の照日上人の墓だと言います。ずいぶん話が違いますが、それもそのはず、照姫の話は１８９６年（明治29年）に書かれた小説による創作なのです。それがいつの間にか史実と勘違いされてきました。今ではそのあたりの事情もわかった上で祭りは開かれており、公式サイトにも「照姫」創作の話は出ています。

明治になって照姫の話が生まれた姫塚

背後の石神井松の風文化公園を抜けて北側の富士街道に出ると、「石神井郵便局」

バス停があります。石神井公園駅行きのバスに乗って帰りましょう。

●周辺のその他の見どころ

上高田の寺町（中野区上高田1、4丁目など）

上高田には早稲田通り沿いと、その北の落合斎場近辺に寺町があります。北側にある功運寺《こううんじ》は、新宿区にあった萬昌院が1914年（大正3年）に、港区にあった功運寺が1922年（大正11年）にそれぞれ移転し、1948年（昭和23年）に合併しました。境内に幼稚園があるため門前にガードマンが立っていますが、記帳すれば入れます。墓地には吉良上野介《きらこうずけのすけ》はじめ有名人の墓が多数あります。

隣の宝泉寺《ほうせんじ》には、島原の乱で討ち死にした板倉重昌《いたくらしげまさ》の墓があります。やや離れた願《がん》正寺《しょうじ》には幕末の外国奉行、新見正興《しんみまさおき》の墓があります。ほかに境妙寺《きょうみょうじ》、金剛寺《こんごうじ》、神《じん》足寺《そくじ》があります。

早稲田通り方面に行くと源通寺《げんつうじ》に河竹黙阿弥《かわたけもくあみ》、隣の高徳寺《こうとくじ》には新井白石《あらいはくせき》の墓があります。少し離れた宗清寺《そうせいじ》には幕末に小笠原諸島に上陸して日本領土とした水野忠徳《みずのただのり》の墓があります。

新井薬師（中野区新井5−3−5）

正式には松高山梅照院《ばいしょういん》薬王寺といい、室町末期の創建です。徳川秀忠《ひでただ》の娘の眼病がここに祈願して治って以来、眼病に御利益があると人気になりました。

コース9

清戸道《きよとみち》

JR目白駅 ▶ 西武池袋線・大泉学園駅

目白駅－豊坂稲荷（往復）……………0.3キロ
「南長崎二丁目」BS－「南長崎五丁目」BS‥0.8キロ
「江古田二又」BS－「武蔵大学前」BS‥0.8キロ
「練馬車庫前」BS－練馬駅……………4.8キロ
中村橋駅－「高松三丁目」BS…………2.8キロ
「妙延寺前」BS－「妙福寺前」BS………3.4キロ

歩行距離／計12.9キロ
所用時間／6時間

清戸道《きよとみち》という名は聞き慣れないと思いますが、道筋としてはほぼ現在の目白通りと同じです。清戸とは街道終点の現在の西東京市の地名で、清戸道は遠方と結ぶ街道ではなく、江戸近郊の農産物など物資を江戸に運ぶ生活・産業道路でした。

❶豊坂稲荷神社
❷南長崎二丁目バス停
❸二又子育地蔵尊
❹トキワ荘跡の碑
❺岩崎家住宅
❻南長崎五丁目バス停
❼江古田二又バス停
❽浅間神社
❾武蔵野稲荷
目白駅前バス停
目白駅
板橋区
豊島区
清戸道
中板橋駅
大山駅
千川駅
小竹向原駅
要町駅
東長崎駅
椎名町駅
落合南長崎駅
下落合駅
中井駅
江古田駅
東武東上線
東京メトロ有楽町線
川越街道
環七通り
目白通り
新目白通り
山手線
石神井川
切手の博物館
講堂

このコースで歩くルートマップ（その１）

（------------ は、電車・バスでの移動ルート）

重要有形民俗文化財の大きな富士塚

ＪＲ山手線目白《めじろ》駅を降ります。駅上の大きな道は目白通りです。清戸《きよと》道の名は明治になって初めて現われますが、道自体は江戸時代の初期からできていたようです。

改札を出て左に行くと、すぐに折れ曲がって下る階段があります。両側にお店もあり、道なのです。山手線の駅を降りてすぐ階段というのも珍しいですね。下りきると車道が三つ叉に分かれています。真ん中の坂を登るとすぐに図豊坂《とよさか》稲荷神社❶です。

元は今の学習院大学の敷地内にありましたが、１９０８年（明治41年）に学習院が移ってきた際、移転させられました。江戸時代は木花開耶姫《このはなさくやひめ》の社《やしろ》といい有名な社でした。木花開耶姫を祭っているので富士山信仰の浅間社《せんげんしゃ》のはずですが、江戸時代も八《はち》兵衛《べえ》稲荷などとの別名もあり、その辺はおおらかなようです。登ってきた坂が豊坂です。

目白駅脇から下る階段

駅前に戻って「練馬車庫行き」のバスに乗ります。今日はこのバスに何回か乗りますので、一日券を買ったほうがいいでしょう。「南長崎二丁目」❷で降ります（この間の距離1・7キロ）。角に交番がある三叉路で現在の目白通りと清戸道が分かれます。

右の清戸道に入って二つ目の右の路地奥に、妙に大きな看板が立つ二又《ふたまた》子育地蔵尊❸があります。名の通り、先ほどの清戸道の分岐に1710年（宝永7年）に立てられました。台座に「右　川越うら道」と彫られており、清戸道がそのように呼ばれていたことがわかります。1938年（昭和13年）の目白通り拡張で移転してきました。戦前の縁日は露店で賑わったといいます。

清戸道に戻り、二つ先の路地を入った右側に手塚治虫《てづかおさむ》はじめ有名漫画家が大勢住んでいたトキワ荘跡の碑❹があります。江

トキワ荘跡の碑

妙に立派な子育地蔵尊の看板

戸とは関係ないですが、せっかくの有名ポイントですのでご紹介します。

そのまま清戸道を進みましょう。古くからの道らしく、さまざまなお店のある商店街の雰囲気です。その名も南長崎ニコニコ商店街。しばらく行くと左手に大きなお屋敷があります⓹。

肥料や糠《ぬか》を商っていた岩崎《いわさき》家の住宅で、江戸時代末期に建てられた建物が大正期に解体されたのですが、その後同じように再建されました。野菜などが行き交っていた街道沿いの往時の姿が偲ばれます。

先の信号を左折し、目白通りの歩道橋を渡って右に行くと「南長崎五丁目」バス停⓺

長く連なる岩崎家住宅

です。「練馬車庫前行き」に乗り、「江古田二又」❼で降ります（この間の距離1・3キロ）。江古田駅に向かい北口に出ます。北口のすぐ左手が浅間神社❽です。

ここには国の重要有形民俗文化財になっている大きな富士塚があります。江戸時代末期に造られたもので、高さは8メートル、直径30メートルと富士講が盛んだった都内でも大きな部類です。練馬区は大きな富士塚が多い区でもあります。三が日や7月1日の山開きの日には登ることができます。

浅間神社を出ましたら右に行き、踏切を渡ります。すぐ右に武蔵野稲荷❾の参道があります。本殿のある場所に古くから塚があり、一説には太田《おおた》道灌《どうかん》と豊島《としま》氏の江古田合戦の際の死者を葬ったとも言います。江戸時代には社はな

見上げる大きさの浅間神社富士塚

武蔵野稲荷神社の子守塚

かったようですが、明治末頃から子守塚として信仰が集まり、人気となりました。戦後にかけて荒廃しましたが、その後神道系の新興宗教団体が再建し、たいへん立派できれいな社殿、境内になっています。

駅側から入りましたが、境内を通って清戸道に抜けられます。武蔵大学前に出ますので、目の前のバス停から終点の「練馬車庫前」⑩まで行きます（この間の距離0・4キロ）。このあたりの清戸道は江戸時代に造られた千川《せんかわ》上水に沿っていましたが、暗渠《あんきょ》になり、今は千川通りという道路です。道沿いには桜が植わっていて、途中に「桜の碑」が立ち、脇には千川上水と清戸道の解説板もあります。

源義家《よしいえ》が戦勝祈願で植えたケヤキ

下車したバス停からしばらく行くと練馬駅前です。練馬駅近くにも清戸道の石柱と解説板があります。練

練馬駅前の繁華街の中にひっそり佇む大鳥神社

馬駅前の信号を過ぎた次の角を左に入ると、大鳥《おおとり》神社⓫です。江戸時代初期に死んだ鶴を弔った祠が始まりといい、最近は11月の酉《とり》の市で賑わいます。

戻って練馬駅中央口の高架をくぐって北口に出て、すぐ右の角に入ります。二つ目の左角にネリマ薬局があり、ここから左に行く通りが練馬弁天通り商店街です。しばらく行くと右手前角に坪庭のような中に庚申塔がある十字路⓬に出ます。

1753年（宝暦3年）の銘があり、この道は江戸期からの道のようです。十字路を左に行くと右手に、まるで飲み屋街の看板のように「豊島弁財天」という看板⓭が出ています。入るのをためらわれるような路地ですが、奥に社が鎮座しています。石像物などから遅くとも昭和初年にはあったようです。この場所は石神《しやくじ》井川《いがわ》に向かって連なる谷戸の一つで、おそらく湧水などがあった源でしょう。こ

妖しい雰囲気の豊島弁財天「参道」入口

れが商店街の名の元のようです。商店街に戻って進むと、道は谷戸の谷に沿いながら少しずつ離れていきます。しばらく歩くと右側が森のような敷地になりますので、右斜め後ろに登って行くと間もなく移広徳寺《こうとくじ》⑭の山門です。

「びっくり下谷《したや》の広徳寺」という地口（言葉遊び）がありますが、今は練馬です。北条《ほうじょう》氏の城下町小田原《おだわら》に創建した広徳寺は、徳川家康《いえやす》の関東移封で江戸に移り、当初神田、のち下谷に移り大伽藍《がらん》を構えました。しかし関東大震災で全焼し、墓地を現在地に移転します。そして1971年（昭和46年）になって本坊も移転するという珍しい経過をたどります。旧地は台東区役所が建ち、碑が残っています。

ここの墓地にはそうそうたる人物の墓があります。茶人大名・作庭家として知られる小堀遠州《こぼりえんしゅう》、将軍家剣術指南役柳生宗矩《やぎゅうむねのり》、十兵衛《じゅうべえ》親子、戦国一の猛将立花宗茂《たちばなむねしげ》、織田信雄《おだのぶかつ》らです。

広徳寺を出たら右に出て石神井川まで下りましょう。橋は渡らずに川沿いに左に行きます。しばらく進むと交通量の多い車道に突き当たります⑮。向こう側には温泉施設「豊島園庭の湯」があります。この施設を含む「としまえん」⑯はプールや遊園地がある23区内でも有名な娯楽施設ですが、この中に、室町時代に築かれた図練馬城がありました。

築いたのは23区北部に勢力を張っていた豊島氏で、園の名が練馬区の練馬城跡なのに「としまえん」なのは豊島氏の名を取ったからです。城は豊島氏が太田道灌との戦いに敗れたあとは廃城になったようです。城の中心部は巨大なウォータースライダー「ハイドロポリス」のあたりで、建設時の発掘調査で幅10メートル、深さ3メートルもの空堀が見つかりました。入場口あたりから見ると、左手奥が丘のように高くなっているのがわかります。

左後ろの高まりが練馬城の中核部分

「としまえん」は実業家の藤田好三郎《ふじたこうざぶろう》が別荘として購入していた土地を、大衆が楽しむ城址公園に方向転換して1926年（大正15年）に「豊島園」として開園したものです。藤田は園の設計者に「城跡の保存に特に留意するように」指示した、という話もありますが、現状はまったく守られていません。園の経営は、現在は西武鉄道が行なっています。

さて先の道路を進んで行くと、都営大江戸線・豊島園駅の上あたりで、左側に「田《た》島山《じまさん》十一ヶ寺」との石柱⑰があります。ここにはかつて浅草田島町（現在の西浅草2丁目あたり）にあった誓願寺《せいがんじ》の子院が、関東大震災後に移転して造った寺町です。

田島山《たじまさん》入口の一つ先の道を左に入ります。右側三つ目の路地を入るとすぐに左手に白山神社⑱があります。ここには樹

11カ寺が整然と軒を並べる田島山

高14メートル幹回り7・2メートルと、樹高19メートル幹回り8メートルの2本の国の天然記念物のケヤキがありましたが、低いほうは2016年に枯れて切られました。源義家《よしいえ》が戦勝祈願で植えたと言われ、だとすると1000年近い樹齢となります。国指定天然記念物の巨樹は、23区内ではここと麻布・善福寺《ぜんぷくじ》のイチョウ、江戸川・善養寺《ぜんようじ》の影向《ようごう》のマツだけです。

石神井川《しゃくじいがわ》から水を引いた水垢離場《みずごりば》

社の前を左です。突き当たりの学校を右に曲がり、平成つつじ園を抜けて、西武池袋線の練馬駅まで行きます。練馬駅から次の中村橋駅まで行きましょう。

中村橋駅改札を出た左右の通りは中杉通りですが、江戸時代は権現道《ごんげんみち》と呼ばれ、この先の円光《えんこう》

痛々しくも見える白山神社の大ケヤキ

㉗御嶽神社
㉘高松三丁目バス停
㉕八幡神社
㉖庚申塔
㉑水神社・御嶽神社
㉒円光院
㉓東高野山道道標
⑳須賀神社
⑲庚申堂
中杉通り
中村橋駅
㉔宮田橋敷石供養塔と庚申塔
㊲長命寺
練馬区
中野区
杉並区
光が丘公園
光が丘駅
練馬春日町駅
練馬高野台駅
富士見台駅
石神井公園駅
都営大江戸線
笹目通り
環八通り
千川通り
石神井川
0
500m
N

このコースで歩くルートマップ（その2）

（－－－－－は、電車・バスでの移動ルート）

院《いん》・子《ね》の権現への参詣道でした。南は阿佐谷まで続いています。北に進んですぐの十字路左角に庚申堂⑲があり、1752年（宝暦2年）銘の庚申塔と、1813年（文化10年）銘の石灯籠があります。

進んでいくとやがて目白通りに出ます。横切って進み、次の十字路の左角の上に須賀神社⑳があります。神社前の道が清戸道です。道路脇に清戸道の解説板が立っています。

下っていくとすぐに目白通りと合流しますが、右に入る広い道があります。道はかつて貫井《ぬくい》川が流れていました。入るとすぐ右に広い敷地があり、社が二つ並んでいます。右が水《すい》神社で、元はこの南、貫井中学校あたりの

赤く塗られた円光寺山門

沼のそばにあったそうです。隣は御嶽《みたけ》神社㉑です。

二つの社がある先の十字路を左に行くとすぐに円光院山門㉒です。門前には多くの石造物が並びます。創建は室町時代末期で、高僧が霊夢を得て探し出した石で腰をさすると、たちまち治ったといい、以後腰痛治癒に御利益がある神様として人気になりました。子の権現は関東に多い神で、足腰の不調に御利益があると言われています。

目白通りに戻って右に坂を登っていき、最初の信号交差点の右角に東高野山道《ひがしこうやさんみち》道標㉓があります。道標は二つあり、左の石柱には「左　東高野山道」とあり、右の碑は漢文が彫られた珍しい道標です。ともに1799年（寛政11年）に建てられました。

東高野山とはこの西にある長命寺《ちょうめいじ》のことで、高野山を模《も》した奥の院などがあり、江戸中期から人気の寺となりました。

道標の十字路は右に入り、すぐの三叉路を左です。このあたりから清戸道はくねくねと

珍しい漢文碑文の道標（右）

曲がっていきます。主要街道のように整備されたわけではなく、郊外の道が自然につながってできたからでしょう。石神井川にぶつかるので渡り、大きな薬局のある交差点左角に宮田橋敷石供養塔と庚申塔㉔があります。場所は少し動いているようですが、かつてこのあたりにあった宮田橋付近は石神井川の氾濫原で、ぬかるんで歩きにくい道でした。そこで清戸道を通る人たちがお金を出し合って敷石を置いたのです。

敷石供養塔。左の庚申塔には青面金剛神が彫られている

清戸道を道なりに進むと環八方向に続きますが、少しはずれて右へ行くと左手の丘の上に八幡神社㉕があります。社殿へ登る石段左に不動明王像が並んでいますが、なんとここには石神井川から水を引いた水垢離場《みずごりば》があったそうです。

清戸道へ戻って環八を横切ります。少し行くと角に庚申塔のある三叉路㉖があり清戸道の解説板も立っています。右に行くと道が湾曲するあたりに御嶽神社㉗があります。境内には1706年（宝永3年）銘の、伊賀衆服部半蔵《はっとりはんぞう》寄進の石造仁王《におう》像があります。伊賀衆の領地がこの周辺にありました。

府県を越えた合併で生まれた村

清戸道に戻り、先の庚申塔近くの「高松三丁目」バス停㉘から「大泉《おおいずみ》学園駅北口行き」のバスに乗りましょう。本数が非常に少ないので、便がない場合は反対方向、「練馬駅行き」のバスに乗り、西武池袋線で大泉学園駅まで行きます。「大泉学園駅北口行き」に乗れたら「妙延寺《みょうえんじ》前」で降ります（この間の距離3・4キロ）。大泉学園駅から歩いても5、6分です。

妙延寺㉙は室町時代末期の創建で、このあたりにあった土支田《どしだ》村の中心地でした。門前が清戸道で

神社だが不動明王が置かれるかつての水垢離場

す。幕末から寺子屋があり、明治になって練馬区でも最初の小学校に昇格し、今の大泉小学校の前身になりました。またこのあと行く北野神社の別当寺だったようです。境内に樹齢400年というイチョウの巨木があります。また寺を造った地元の有力者一族の女性が全国の1000の寺の参拝を成就したという驚くべき記念碑もあります。

清戸道を駅方向に進んでいくと太い道と細い道に分かれますが、右の細い方が昔の清戸道です。少し進むと右角に大泉小学校㉚があります。この小学校の発足には県境を越えた町村再編の歴史が絡みます。

かつてこの付近は白子川《しらこがわ》を境に南は豊島郡、北は新座《にいざ》郡とまったく別の郡でした。新座郡には小榑《こぐれ》村、豊島郡には土支田村があり、それぞれ大きな村でした。土支田村は江戸時代に上下

交通機関のない時代、1000カ寺参拝は驚き。左端がその記念塔

に分かれ、明治の町村再編で上土支田村は石神井村に併合され、下土支田村は上練馬村に再編されます。

その間義務教育の発足から各村には小学校ができ、小榑村の本照寺《ほんしょうじ》に榑橋《くれはし》小学校、先の妙延寺に豊西小学校ができます。しかし村の財政では二つの小学校の維持は負担で、この両小学校を合併しよう、との気運が生まれます。

その実現のために、東京府と埼玉県の境を越えて村が合併することになりました。小榑村が発展した榑橋村と石神井村から再度分離した上土支田が1891年（明治24年）に合併し、小泉《おいずみ》村が誕生するはずでしたが、なぜか名前は大泉村となりました。対等合併なので二つの小学校の中間に新たに小学校を作ったのが現在の大泉小学校の場所で、当初は泉小学校と言いました。

清戸道は大泉小学校前の信号を右ですが、その前に学校裏の北野神社㉛に寄ります。ここは今は菅原道真《すがわらのみちざね》が祭神ですが、それは明治以降政府に強要されてのこと。本来は先の妙延寺の日蓮宗と絡む三十番神《さんじゆうばんしん》の社でした。

三十番神は月の一日ごとに守護神が決まっており、それを祭る日蓮宗で盛んな神仏習合の信仰です。明治政府は神仏分離を進めましたので、三十番神の社はすべて祭神を改めるよう強制されたのです。

さて小学校角から清戸道に入ると、小学校の校庭内に、清戸道の案内板と石柱があるのが見えます。そのまま白子川に下って橋を渡り、突き当たりすぐ右角の中島公園に、合併後の大泉村役場がありました。役場建設記念碑とかつての建物の外観を示す案内板㉜があります。

先ほどの突き当たりを左へ行くとまもなく、榑橋小学校があった本照寺㉝です。門前を右に出て、次の角を右に入り進むと諏訪神社㉞の境内となります。ここも本来は三十番神様を祭る社でした。しかし三十体の神像は今も社殿に祭られているといいます。

社殿前から左に出ると、清戸道が曲がって登ってくる車道に出ます。ここを登っていきますが、すぐ左手にバス停があるので、もし時間が合えば「光が丘駅行き」のバスに乗って

かつての村役場の姿を伝える案内板

次の「西大泉二丁目交番」バス停で降りましょう。清戸道沿いに進んで行くと信号があり、左角に四面塔《しめんとう》稲荷㉟があります。

明治時代に政府の方針で近辺の小さな稲荷社がみな諏訪神社に合祀されそうになり、6つは移転しましたが、ここは住民が抵抗し、残ったといいます。

来た道を戻ります。小泉橋の信号をそのまままっすぐ進んで少し行くと妙福寺㊱があります。1000年以上前に天台宗のお寺として創建しましたが、のち日蓮宗となり、このあたりの日蓮宗寺院の中心の大きな寺です。鬼子母神《きしぼじん》堂、祖師堂、そして三十番神社などさまざまなお堂があります。また庫裏《くり》の玄関部分は元禄年間築の練馬区でも最古の建築です。

「妙福寺」バス停から「大泉学園駅行き」バスがありますが、歩いても15分です。

さまざまな建物が並ぶ妙福寺境内

●周辺のその他の見どころ

長命寺《ちょうめいじ》（練馬区高野台3−10−3）㊲ 図

江戸時代初期にできた寺ですが、境内を高野山金剛峯寺《こんごうぶじ》に似せて作り「高野山に行かなくても行ったのと同じ御利益がある」とされて江戸市民に人気を呼びました。参詣のための長命寺道は、清戸道からだけでなく、所沢道《ところざわみち》など各方面からありました。たくさんの石塔、石仏が並ぶ姿は壮観です。西武池袋線・練馬高野台《こうやだい》駅徒歩3分。

石神井神社《しゃくじいじんじゃ》（練馬区石神井町4−14）㊳ 図

江戸名所図会には石神井明神祠として載《の》ります。創建年代など不明ですが、かなり古いようです。あたりで井戸を掘ったところ石神《しゃくじん》（石剣）が出て来たので祭った、といいます。石神を祭る社はほかにもありますが、井戸から出て来たので「しゃくじんのい」＝「しゃくじい」と、石神井の地名の発祥の場所として語られます。

コース10

川越街道

都営三田線・板橋区役所前駅 ▶ 東武東上線・成増駅

板橋区役所前駅－ときわ台駅	4.0キロ
上板橋駅－東武練馬駅	2.5キロ
東武・下赤塚駅－有楽町線・赤塚駅	0.4キロ
成増駅－成増駅	2.3キロ

歩行距離／計9.2キロ
所用時間／4時間

川越街道は板橋宿と川越を結ぶ街道で、太田道灌が江戸城と川越城を結ぶために整備したといいます。中山道が江戸時代になって整備されるまではこちらが江戸北西へのメインの街道でした。参勤交代で使う大名は本来は川越藩のみの脇街道でしたが、中山道より距離が短いので人の往来は多く、江戸へ物資を運ぶ重要街道でした。

志村三丁目駅
志村坂上駅
板橋中央総合
志村第二中
桐ヶ丘郷小
赤羽台西小
赤羽自然観察公園
北区
見次公園
小豆沢
志村署
志村第二小
常楽院
長徳寺
都営三田線
蓮沼町
赤羽スポーツの森公園
稲付中
赤羽商高
本蓮沼駅
味の素フィールド西ヶ丘
国立スポーツ科学センター
梅木小
志村第一中
志村第三小
淑徳大
志村第一小
警視庁第十方面本部
清水町
中山道
富士見台小
宮本町
常盤台
環七通り
加賀小
北豊島工高
板橋本町駅
ときわ台駅
富士見
帝京高·中
加賀中
帝京大(医)
日本書道美術館
常盤台小
板橋第八小
帝京大附属
石神井川
⑩六蔵祠
中板橋駅
上板橋第一中
中根橋小
板橋第三中
弥生小
⑧上宿稲荷
金沢小
⑨白箭稲荷
板橋第九小
板橋第一小
豊島
⑥轡神社
板橋区役所前駅
⑦豊敬稲荷
板橋区役所
⑤大山福地蔵尊
板橋第一中
北園高
大谷口小
板橋署
日本大板橋
中山道
日本大(医)
板橋局
④水神社
大山駅
板橋第二小
田崎
東武東上線
下板橋駅
板橋第十小
大山小
板橋第六小
板橋第二中
①四つ叉
③ハッピーロード大山商店街
板橋第七小
川越街道
池袋本町小
②中山道と川越街道の分岐
池袋中

このコースで歩くルートマップ（その1）

（- - - - - - - は、電車・バスでの移動ルート）

川越街道で繁華をきわめた板橋の宿

都営三田線・板橋区役所前駅から出発します。区役所直結の出口から出ましょう。区役所前の道を右に行き、首都高の高架下まで行きます。ここは古くから四つ叉として知られ、川越街道と板橋宿から雑司ヶ谷《ぞうしがや》・高田《たかだ》方面に行く高田道の十字路❶でした。商店街が作った説明板があります。中山道と川越街道の分岐❷はこの左、江戸方面に少し戻った現在の板橋郵便局のあたりです。

旧川越街道沿いに右に行きます。山手通りを渡ると賑やかになり、東武東上線の大山《おおやま》駅の踏切から有名なハッピーロード大山商店街のアーケード❸です。

ハッピーロード大山商店街アーケード

高架下、四つ叉にある馬頭観音堂

商店街の中ほどで少し道が曲がりますが、ここには江戸時代は下を千川《せんかわ》上水が流れ、橋が架かっていました。少し進んで右手前角にコンビニのある十字路を左に入ります。すぐに現在の川越街道・国道254号線に出ますので信号を渡って正面の太い道の左側を歩きます。

左側の細長いスペースに小さな社があります❹。これが実は千川上水の跡です。明治以降上水の需要は減り、戦後は暗渠《あんきょ》化されてしまいます。その際、これまで上水で溺れ死んだ子らの供養や水の恵みに感謝して水《すい》神社が建てられました。

国道に戻って渡り、左に進むとすぐに旧街道との合流点です。右側に入る道には大山福地蔵尊《ふくじぞうそん》入口という看板が立っています。地蔵堂❺がすぐ先の左手に見えます。江戸末期にこのあたりに現われたお福という女性行者の供養のためのお堂です。仏の功徳を熱心に説いて住民に慕われ

千川の供養で建てられた水神社

今も大事に守られている大山福地蔵尊

たそうです。

国道に戻って先に進みます。すぐに日大病院前入口の交差点で、旧街道は右斜めに進んで行きます。このあたりに上板橋宿《かみいたばしじゅく》に備えられた馬の馬つなぎ場があったといいます。ここは旧街道ではなく、右に直角に曲がります。

進むと信号の右角に庚申塔があります。この道も鎌倉街道だと言います。大きなスーパーを過ぎると左に轡《くつわ》神社❻があります。源《みなもとの》義経《よしつね》のものとも徳川家康《とくがわいえやす》のものとも言われる轡が納められたと伝わります。「百日咳《ぜき》」に御利益があると言い、願をかける人は社前のわらじを持ち帰り、治ったら新しいわらじを奉納するそうです。今もたくさんのわらじが下がっています。

轡神社から戻って、スーパーの角を左に行くと川越街道にぶつかります。このあたりからかつての上板橋

わらじが並ぶ轡神社

宿の中心で、江戸時代より前はこちらが板橋の中心でした。街道を右にいくと道に面して豊敬《とようけ》稲荷❼があります。もともと市神《いちがみ》だったものが廃れて民家の片隅にあったものを、明治以降見いだして復興したものといいます。境内にかつての上板橋宿の絵図があります。

街道沿いには古い民家などもあります。やがて中板橋駅入口交差点で、左に行ってすぐ右に入ります。三叉路左奥にひっそりと上宿《かみしゅく》稲荷❽があります。上板橋宿は上宿・中宿《なかしゅく》・下宿《しもしゅく》の三つに分かれていました。

街道に戻り、今度は次の角を左。この道ははる

宿場の中心にある豊敬稲荷

住宅街の隙間にある上宿稲荷

米屋だったという上板橋宿の古い民家

か南、新井《あらい》薬師への参詣道で、薬師道と言うそうです。またすぐ右に入ると住宅街の中に小さな白箭《はくせん》稲荷❾があります。これは江古田《えこだ》合戦の際、苦戦した太田《おおた》道灌《どうかん》がこの神に祈り、その結果勝利したと言います。

そのまま進んで石神井《しやくじい》川にぶつかって右へ行くとすぐに下頭橋《げとばし》のたもとです。橋のたもとに六蔵祠❿があります。この橋は1798年（寛政10年）に石橋に架け替えられましたが、その資金はこの橋のたもとで暮らしていた物乞いの六蔵のものだったとの伝説があります。六蔵が行き倒れてのちに持ち物を調べたところ、思いの外大金を持っており、その金で橋を架け、徳を称《たた》えたと言います。

橋を渡りすぐに左方向です。曲がりくねって進むと国道254号と環七交差点の板橋中央陸橋に出ます。

橋にまつわる伝説のある六蔵祠

小さいが手入れの行き届いた白箭稲荷

交差点のはす向かいが長命寺《ちょうめいじ》です⓫。江戸時代初期からあるお寺ですが、それ以前に板橋城があった場所ではないかと言われています。北条《ほうじょう》氏配下の板橋氏の城ですが、いまだに場所が特定されていません。

国道の北側に戻って左に進み、信号の次の大きな木がある角を右に入ります。まもなく天祖《てんそ》神社入口の交差点⓬です。江戸時代から鬱蒼《うっそう》とした森で、東武東上線のときわ台駅の名は、この森の常磐の緑にちなんでいると言います。社前の狛犬には、先の大戦時の爆撃による破片痕が残ります。

社叢の濃い天祖神社

城がありそうな高まりにある長命寺

国道に残る「五本けやき」の謎

ときわ台駅まで行き、東武東上線の電車に乗り、次の上板橋で降りましょう。南口を出て、目の前の商店街を進んで行きます。やがて川越街道にぶつかり、そのすぐ先が現在の国道２４５号ですが、左手の国道真ん中に、大きなケヤキが５本見える中央分離帯⓭があります。

戦前この場所に国道を通す際、ここに屋敷があった当時の村長が、このケヤキを残すことを条件に土地の買収に応じました。今では「五本けやき」として川越街道を行き来する際のいい目印になりました。ただし２本は、事故などで枯れて植え替えられています。

旧街道に戻り左に行くとすぐ左に子育地蔵⓮

国道真ん中にすっくと伸びる「五本けやき」

があります。1777年（安永6年）の銘があります。進んで行くと、大きな木がそこかしこに見えます。急速に都市化したこのあたりでは、旧家などの敷地にまだまだ屋敷林だった巨木が残っています。

しばらく進むと変則の五叉路で、その左角に1739年（元文4年）銘の庚申塔⑮があります。ちょうど左右の道が板橋区と練馬区の境ですが、道は江戸時代から上板橋村と下練馬村の境です。

この境に沿って右斜めの道を行くと、十字路の真ん中にお堂⑯があります。馬頭《ばとう》観音が祭られているのですが、この左右の道は「ふじ大山《おおやま》道」

商店街の賑わいを見つめる
子育地蔵

ところどころ大きな木が点在する街道沿いの家々

といい、江戸や武蔵国の北部から相模の大山詣《もうで》をする際に使われた道です。今も道中無事を願ってお堂は残されています。

川越街道に戻り、右へ進むとまもなく環八です。大山道はこの手前あたりで左に分かれ、田無《たなし》方面にほぼまっすぐに向かっています。環八は地下を通っていますが、その真上に大山道道標⓱が残されています。1753年（宝暦3年）に立てられました。脇には小さな東高野山道道標もあります。同じ大山道を歩いて途中で分かれました。

環八を渡ったところが練馬宿の中心地です。右側に本陣・脇本陣がありました。スーパーと葬儀社になっています。賑やかな商店街を進んで病院の角を左です。二つ目のT字路を右に行くと右角に墓地と小さな

道路の真ん中に鎮座する馬頭観音堂

移転整備された
大山道道標

お堂⑱があります。

阿弥陀《あみだ》堂といい、千川上水を造った千川家歴代の墓があります。千川上水は上水と言いながらほとんどの期間農業用水として使われてきました。千川家は上水工事をし、完成後は取締役として、受水している田から反《たん》あたり3升の米を徴収し、代々この練馬宿に住んで管理をしていました。

阿弥陀堂を出て右に行き、最初の角を右で川越街道に戻り、出たら右に少し戻ります。すぐ左側に大きな富士塚がある浅間神社⑲があります。ここの富士塚は常時登れます。高さは5メートルと言いますが、頂上はかなりの高度感があります。頂上の標高が37・76メートルで富士山の100分の1というのが売りです。下山したら東武練馬駅に向かいます。駅のすぐ手前

富士塚頂上からの眺め

阿弥陀堂の千川家墓地

に北町聖観音のお堂⑳があります。練馬区内では最大の石仏で2・7メートルあり、1682年（天和2年）の建立です。台座には街道沿いの各地の地名が書かれ、街道利用者の寄進で作られたものと思われます。

赤塚《あかつか》から成増《なります》周辺へ

東武練馬駅から隣の下赤塚《しもあかつか》駅まで行きます。南口を出て右に行くとすぐに川越街道ですが、まずは、左に行き踏切を渡ります。渡ってすぐ左手の居酒屋とパチンコ屋の隙間に、なにやら石柱が立っています。1857年（安政4年）の銘があり、庚申塔のようです。さらにはす向かいの洋品店の前には1754年（宝暦4年）銘の庚申塔と大日如来供養塔㉑があります。この道も江戸時代からの川越街道の分岐道のようです。

北町聖観音

多くの石仏が並ぶ北町聖観音堂

このコースで歩くルートマップ（その2）

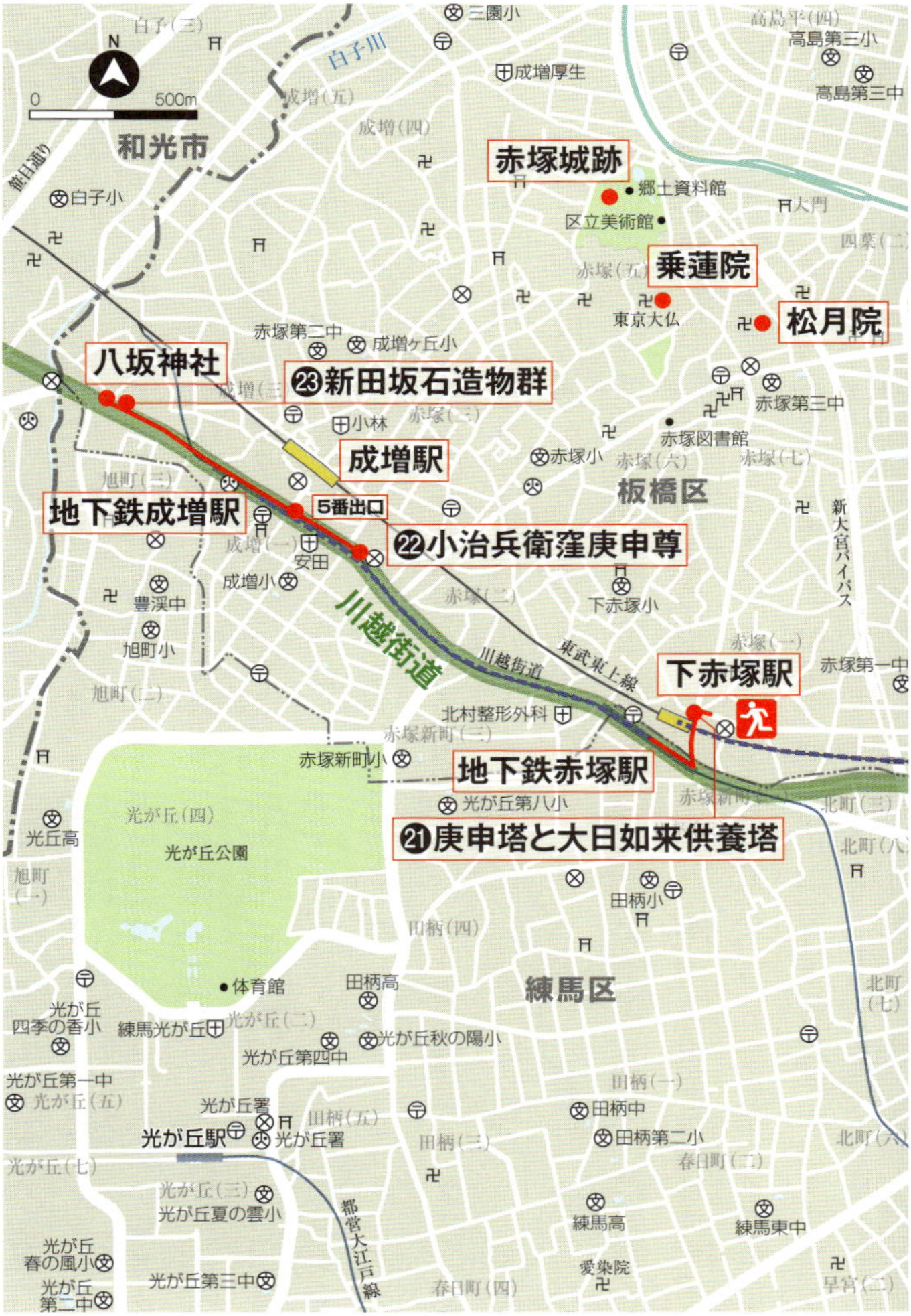

（- - - - - - - - は、電車・バスでの移動ルート）

踏切を戻り川越街道に出て、赤塚駅の3番出口から有楽町線に乗り、次の成増《なります》駅まで行きます。5番出口で地上に出ると川越街道ですので都心方面に戻って下ります。歩道橋を過ぎて交番のある角手前に小治兵衛窪《こじべえくぼ》庚申尊㉒があります。1783年（天明3年）に天明の飢饉犠牲者の供養もあって立てられました。

小治兵衛窪は地名で、昔は交番前の道沿いに川が流れる窪地でした。あたりには追いはぎがよく出ましたが、ある日川に架かる橋が立派になり、「罪滅ぼしに橋を造った」と小治兵衛の書き置きがあったそうです。庚申塔は高さのある珍しいデザインで、坐った青面金剛神《しょうめんこんごうしん》です。

川越街道を成増駅の方へ戻ります。駅を過ぎてさらに進み、コンビニがある場所で右上の側道に入ります。こちらが本来の川越街道で、現国道は坂を緩やかにするため

下赤塚駅前にひっそりと立つ庚申塔

に切通しになっています。しばらく進むと国道脇の崖地状のスペースに新田坂石造物群《しんでんざか》㉓があります。付近から集められた石像物が並んでいます。新田坂は白子《しらこ》川へ下る急坂で難所でした。向かいには八坂《やさか》神社もあります。

旧道は傾斜を避け、やや右に曲がって白子川に降り、川のほとりは新田宿、向こう側は今は埼玉県ですが白子宿として、水運と街道の交差点で栄えました。

成増駅まで戻り、東武、メトロ、便利なほうでお帰りください。

新しい国道沿いにまとめられた新田坂の石像物群

盗賊の伝説がある小治兵衛窪庚申尊

コラム

江戸・東京周辺の川

江戸・東京の川は、徳川家康が江戸に入って以来、絶え間なく人間の手で改造が加えられてきました。そのため元の自然状態とは大きく異なっているのはもちろん、明治以降とそれ以前でも、大きく様変わりしています。

まず江戸と周辺の地形ですが、今の京浜東北線を境に、西は台地と坂と谷でできた起伏の多い土地で、東は真っ平らな湿地帯でした。

この東の低地にはもともと荒川《あらかわ》と合流した利根川《とねがわ》が流れ込んでいました。海岸線は家康の時代でも小名木川《おなぎがわ》あたりと考えていいでしょう。川の流れは大まかに北から南に流れ、複雑に絡み合っていました。

幕府は埼玉あたりでの新田開発のため、まず荒川の流れを利根川と分離し、入間川《いるまがわ》とつなぎます。この入間川の下流が隅田川《すみだがわ》になります。続いて利根川の本流を銚子《ちょうし》方面に移し、埼玉県東部に多くの水田を切り開きました。かつての利根川の流れは中川《なかがわ》になったようです。

西部は武蔵野台地と、その中を流れる川が造る谷が混じり合う場所でした。武蔵野台地は、多摩川が山から平地に出てくる青梅《おうめ》を要として、東に扇状に土砂が堆積した扇状地という地形が基本で、その上に西から飛んできた関東ロームが分厚く降り積もったものです。

西が高く東が低い地形なので、川は扇の骨のように西から東へ流れています。この扇状地の途中に地下水が湧き出る場所があり、ちょうど23区の西の端あたりに南北に並んでいます。

三大湧水池と呼ばれる石神井公園の三宝寺池、善福寺池、井の頭池のほか、武蔵関公園の富士見池、妙正寺池、北烏山の鴨池、今はなき天沼弁天池など多くの湧水池が並び、その多くが23区内を流れる川の源流でした。

川は谷底を流れるため台地の上は水に乏しく、江戸以前は農業に適しませんでした。それで多くの用水が尾根上に切り開かれるのです。

明治以降は東京での川の役割が大きく変わります。まずは水運は不要になり、都市化の進展とともに、もっとも重要になってくるのが、洪水を起こさない、速やかな雨水の排水路としての役割です。

その象徴が荒川開削です。今23区内を流れる荒川は、すべて1911年（明治44年）から20年近くをかけて造られた人工の川です。この工事で中川下流は分断され、旧中川ができました。ほかにも同じ洪水防止の目的で、江戸川放水路（現江戸川本流）や新中川も造られました。

そしてほとんどの都内の河川で、スムーズに水を流すため直線化が図られます。荒川や多摩川の中流は大きく蛇行していましたが、今はほとんどまっすぐです。また直線化と堤防工事で、河原もほとんど無くなりました。中小河川でも直線化は進められ、石神井川、神田川、野川などはまったく新しく掘られた直線水路部分もできています。また垂直護岸で深く掘り下げられ、「川」としての姿を失っていきます。

さらに昭和から戦後にかけて都市化が進むと下水路になっていた小河川の水質悪化が問題になり、ほとんどが地下に埋められ、暗渠《あんきょ》化されます。こうして現在の東京郊外では川の流れを見ることはほとんどなくなりました。

コース 11

中山道

都営三田線・板橋区役所前駅 ▶ 志村三丁目駅

板橋区役所前駅－本蓮沼駅 ………… 4.4キロ
志村坂上駅－志村坂上駅 …………… 4.4キロ

歩行距離／計 8.8キロ
所用時間／3時間30分

中山道は江戸と上方を内陸部で結ぶ五街道の一つです。最大の幹線の東海道を補完するものでしたが、川止めされる大河や海路がないことから、旅程がより確実で、女性がよく使う姫《ひめ》街道とも言われました。江戸近郊では、武蔵国北部や上野《こうずけ》国などの農産物を運ぶ大動脈でした。

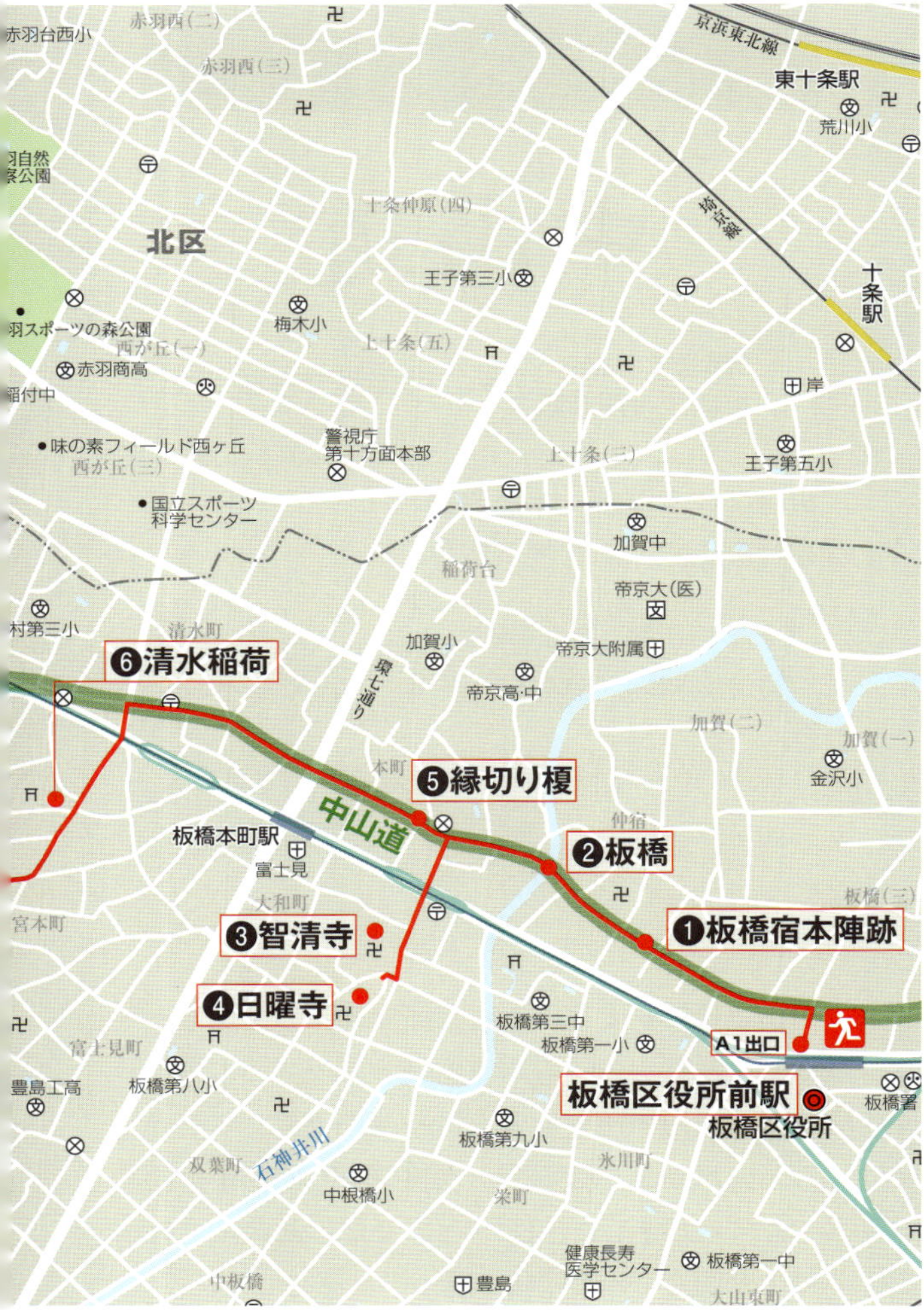
❻清水稲荷
❺縁切り榎
❷板橋
❶板橋宿本陣跡
❸智清寺
❹日曜寺
中山道
板橋本町駅
板橋区役所前駅
A1出口
板橋区役所
北区
東十条駅
十条駅
京浜東北線
埼京線
環七通り
石神井川
赤羽台西小
赤羽西(二)
赤羽西(三)
十条仲原(四)
王子第三小
梅木小
上十条(五)
赤羽スポーツの森公園
西が丘(一)
赤羽商高
味の素フィールド西ヶ丘
西が丘(三)
警視庁第十方面本部
上十条(三)
王子第五小
国立スポーツ科学センター
加賀中
稲荷台
帝京大(医)
帝京大附属
加賀小
帝京高·中
清水町
加賀(二)
加賀(一)
金沢小
本町
仲宿
富士見
大和町
板橋(三)
宮本町
板橋第三中
板橋第一小
板橋署
富士見町
豊島工高
板橋第八小
板橋第九小
氷川町
双葉町
中根橋小
栄町
健康長寿医学センター
板橋第一中
豊島
中板橋
大山東町
荒川小
岸

このコースで歩くルートマップ（その1）

（- - - - - - - - - - - - - は、電車・バスでの移動ルート）

中山道、板橋宿を往く

都営三田線・板橋区役所前駅のA1出口から出ます。地上は現代の中山道・国道17号線です。左の道に回り込むと旧中山道仲宿《なかじゆく》交差点で、このあたりが江戸を代表する宿場、江戸四宿の一つ、図板橋宿の中心でした。ここを左に行きます。

宿場跡の商店街はなかなかの賑わいです。しばらく行くと、右手の大きなスーパー手前に、小さく本陣跡の案内板❶が出ています。そしてほぼ向かいの医院入口には、幕末に小伝馬町《こでんまちょう》の牢から脱走した高野長英《たかのちょうえい》が、一時身を隠した場所であることが記されています。

やがて石神井川《しやくじいがわ》に出て、架かる橋がその名も「板橋」❷。昔は粗末な板一つを渡しただけで、これが地名の起こりだと言われますが、場所は別だった、という説もあ

まさに「板橋」

板橋宿本陣跡

ります。木橋風にデザインされています。

少し曲がって登り、交番が見える手前のT字路を左に行きます。国道17号を越えて一つ目の角の先に図智清寺《ちせいじ》❸があります。室町時代創建の古寺です。山門前には、1714年（正徳4年）に造られた石橋がありますが、これは石神井川を分水した中《なか》用水という用水路に架けられていました。また本堂左手に木下藤吉郎《きのしたとうきちろう》出世稲荷大明神という赤いのぼりが林立しています。江戸名所図会では「木下稲荷祠」として紹介されています。

智清寺を出てさらに先、最初の車道十字路を右に行くと、左手に日曜寺《にちようじ》❹という珍しい名前の寺があります。徳川吉宗《よしむね》の次男で、御三卿の田安《たやす》家初代の田安宗武《むねたけ》が祈

松平定信揮毫の「日曜寺」

智清寺内にある木下藤吉郎出世稲荷

願寺として整備しました。山門の額はその子、松平定信《まつだいらさだのぶ》が揮毫したものです。宗武が寄進した愛染明王《あいぜんみようおう》が本尊で、「愛染」が「藍染《あいぞめ》」に通ずることから江戸周辺の染色業者の信仰を集め、彼らが寄進した手水鉢や石碑などが境内にあります。

来た道を中山道まで戻ります。先ほどの交番の先、十字路右角に木が立っています。有名な縁切り榎❺です。エノキはしばしば一里塚などに植えられており、ここのエノキも元はそのための木でしたが、いつしか、その下を嫁入り・婿入りの行列が通ると、必ず不縁となるとの伝説が生まれました。幕末の皇女和宮《かずのみや》降嫁の際は、迂回路をわざわざ作ってここを避けました。伝説を逆手《さかて》にとって、江戸時代から離縁したい女性たちの信仰を集め、最近は「酒との縁を断つ」「病気との悪縁を絶つ」などという願掛けの対象にもなっています。

縁切り榎

やがて中山道は環七をくぐります。しばらく進んで郵便局を過ぎた信号を左へ行き、また国道17号を渡り先の道に入ります。

まもなく右手に清水稲荷❻が現われます。江戸時代から清水村の鎮守で、境内には樹齢500年というイチョウがあります。社前の通りは「イナリ通り」です。先に進み、少しずれた斜めの十字路で右に行き、しばらく行くと鋭角に道が左右に分かれる辻に出ます。よく見ると角の頂点には石が立ち、道標を兼ねた庚申塔❼で、「右祢里《ねり》ま（練馬）道」と書かれています。

右へ行くとまもなく右側が開け、下の谷

大イチョウのある清水稲荷

が公園になっているようです。左の方から階段で下れます。ここは出井《でい》の泉《いずみ》公園❽といい、かつてはこのあたりでも有数の名水で、水垢離なども行なわれていたようです。都市化で水が涸れ、埋め立てられて公園になりましたが、最近の調査で地下ではまだ水が湧いていることがわかり、その観察井戸が設けられています。先の清水稲荷は元はこのそばにあり、社名の由来となり、近辺の地名の元ともなりました。

　公園から北に曲がりながら続く道は、かつての出井川《でいがわ》の跡です。進んで行くとやがて首都高5号線下の道に出ます。高速道路の高架下を右に進んで行くと、国道17号との分岐点に出ます。このあたりの国道は中山道と一致しています。

　ところでこのコースは板橋区を歩きますが、歩いているとしばしば「いたばし ま

出井の泉跡の公園。後方に観察井戸が見える

ちあるきマップ」という案内板を見ます。ほかの区でも似たものはありますが、板橋区が素晴らしいのは、近隣の公衆トイレをすべて記している点です。私も何度も助けられました。

やがて国道右手に氷川《ひかわ》神社と南蔵院《なんぞういん》❾が現われます。二つとも、かつてははるか遠くの荒川そばにありました。しかし度重なる洪水で江戸時代の初め頃、今の場所に村ごと移ったといいます。こうした話は大山道《おおやまみち》でもありました。当時の気候変化や台地上でも生活できる用水確保技術など、さまざまな要因があったのでしょう。

とても助かる板橋区の「いたばしまちあるきマップ」

秀吉に滅ぼされた千葉《ちば》氏の居城跡

いったん本蓮沼《もとはすぬま》駅に戻り、都営三田線で次の志村坂上に行きます。A1出口から地上に出ると、道路を挟んで大きなエノキが石垣の土台の土盛りの上に立っています。傍らの太い道は国道17号で、見ると向こう側にも同じような土盛りと木があります。

これは国指定史跡、中山道の志村一里塚⑩です。江戸時代の一里塚が、街道の両側一対きちんと当時の姿で残っているのは、23区内ではここだけで、全国的にも珍しいものです。一里とは半刻《はんとき》（約1時間）で歩ける距離のことで一定の長さではなかったのですが、徳川家康が36町＝1里（だいたい4キロ）の基準で全国に一里塚を築くよう命じました。一里塚の形にも決まりがあり、5間四方（10メートル弱）、高さ1丈（約3・3メートル）でした。

志村一里塚は国道17号を拡幅する際修復され、周りが石垣になりましたが、場所は動いていません。目の前の一里塚を見てください。国道に少し張り出しているので歩道部分がありません。歩道はわざわざ一里塚の後ろを迂回しています。削ったりしなかった昭和初期の工事担当者の見識に敬意を表します。

左側の木が志村一里塚

一里塚の少し先、志村坂上交差点を左に入ります。その先ファミレスのある志村二丁目交差点を直進してやや左にカーブしたところで右に入りすぐ左です。この道は「ふじ大山道」です。

ファミレスの植え込みには「想い出の樹」とのプレート⓫があります。戦前の板橋区は陸軍の火薬工場はじめ、たくさんの軍需工場が集まっていました。１９３９年（昭和14年）、近くの大日本セルロイドでタバコのポイ捨てから火事が発生。照明弾工場やマグネシウム工場に引火して大爆発、死者32人・負傷者２４５人の大惨事になりました。この時全焼した別の会社の工場の木を移植したのが目の前の木だそうです。

まもなく右手に図熊野神社⓬の長い参道があり、脇に「志村城跡」の石柱が立ちます。志村城は江戸名所図会には「千葉家の城趾」として載っており、室町時代に現在の千葉から敗れて落ち延びてきた千葉氏が城を作り、新たな根

志村城跡の熊野神社参道

拠地としたところです。

千葉氏は赤塚城（板橋区立郷土資料館周辺）も築き、再興を図りましたが、その後北条《ほうじょう》氏に下り、秀吉《ひでよし》の関東攻めで滅びました。境内は二の丸と言われ、隣のマンションあたりが本丸で、間に空堀が残っています。社殿は古墳の上に建つと言われ、城も古墳を利用して作られたのかもしれません。また境内の絵馬殿には古くから奉納された絵馬が残り、なかなかの見物です。

中山道で富士山が見える坂

先ほどの志村坂上交差点まで戻ります。左の交番の脇に細い道がありますが、これが旧中山

熊野神社の絵馬殿

中山道と大山道分岐点の道標

道です。道には参勤交代を描いたレリーフなどもあり、左に分かれる道のある角には道標⑬もあります。先ほどの「ふじ大山道」の出発点、分岐点です。右へ行くとしだいに下り坂となり図清水坂の石柱があります。江戸時代は急坂の難所でした。この坂では中山道を江戸から歩いて、唯一、富士が右手に見えるそうです。

坂は左に曲がり急勾配になります。三叉路を右に下ると、都営三田線が地上に顔を出す脇に志村清水坂緑地⑭があり、一角に泉があります。付近には茶屋がありました。この水も飲んだのでしょう。

三田線の高架をくぐって進むと国道17号に出ます。旧中山道は国道を斜めに横切って

清水坂

緑地内の泉？

志村清水坂緑地。都営三田線が顔を出す

先へ続き、国道の右側に出ます。このあと街道は戸田橋まで続いていきますが、江戸時代はこの先は田んぼと湿地帯です。下の歩道橋で国道反対側に渡り、江戸方向へ戻って登ります。

　すると左手に図薬師の泉庭園⑮がります、かつて大善寺《だいぜんじ》とその庭園がありました。訪れた徳川吉宗がその泉を愛で、本尊の名を清水薬師と命名したと言います。このように付近の台地の際《きわ》は湧水の宝庫でした。その後、板橋区が買い取り、庭園として開園しました。

　国道の坂をさらに登ると、左横から斜め後ろに登る坂があります。登った先の左手が移総《そう》泉寺《せんじ》⑯です。台東区の橋場にありましたが関東大震災で焼け、先の大善寺に間借りする形で移

薬師の泉庭園

総泉寺本堂の見事な浮き彫り

転し、のち合併しました。

総泉寺前の道を進むとすぐに小豆沢《あずさわ》公園入口です。傍らに中山道戸田橋の親柱が保存されています。野球場の左端を通って公園の中を抜けていきます。公園反対側に出ると、急斜面を下ります。道路に降りた目の前のマンションなどの敷地が、大日本セルロイドの工場でした。

右に進んでT字路を右、すぐ左に行くと、やがて右の崖下に小さな池とお堂があります⓱。「御手洗《みたらい》不動尊遺蹟」と石柱がありますが、このあと行く龍福寺《りゅうふくじ》の薬師如来がこの池から現われたのだと言います。またも湧水池です。

不動尊跡から少し進み、右後ろ斜めに

御手洗不動尊遺蹟のお堂

先代戸田橋の親柱

行く車道がありますので登ります。登り切ったところを右に行くと龍福寺⓲の山門です。すぐ左に移された御手洗不動尊が祭られています。境内に大きな板碑が保存してあります。一番大きなものは160センチもあり、1255年（建長7年）のもので、都内でも三番目に古いものです。ちなみに二番目も板橋区、一番古い板碑は墨田区にあります。

龍福寺の隣が小豆沢神社⓳で、鳥居脇のスダジイの巨木が目を引きます。けば立った粗い作りのしめ縄は龍の鱗を表現したものです。社殿は古墳の上にあり、すぐ目の前のかつての荒川にあった小豆沢河岸を望ん

小豆沢神社

龍福寺の見事な板碑

で、古代から重要な場所だったのでしょう。河岸の守り神だったといいます。

参道をまっすぐに出て突き当たりを右、さらに突き当たりを左、その先の小豆沢公園前の信号を右で志村坂上の駅に戻ります。

●周辺のその他の見どころ

赤塚城跡（板橋区赤塚5−35）図

本文で出て来た志村城とともに、下総《しもうさ》から逃れてきた武蔵千葉氏が築いた城と言われており、現在の板橋区立郷土資料館や美術館の裏山が本丸だったようです。しかし遺構はあまり残っていません。本丸跡は広い芝生広場になって史跡の碑だけが立っています。都営三田線・西高島平駅徒歩13分。

芝生広場になっている赤塚城跡

乗蓮《じょうれん》寺《じ》（板橋区赤塚5－28－3） 図 移

室町時代初期に今の上板橋宿近くにできたようですが、のちに江戸期の板橋宿に移りました。その後国道17号の拡幅で現在地に移ります。今は移転後にできた東京大仏で知られます。寺の敷地は赤塚城の二の丸と言います。江戸からのものとしては、天保の飢饉の死者４２３人を埋葬した供養塔や、駒込《こまごめ》の藤堂《とうどう》家屋敷内にあった石像物群などがあります。都営三田線・新高島平駅徒歩20分。

松月《しょうげつ》院《いん》（板橋区赤塚8－4－9） 図

武蔵千葉氏が赤塚城を築いた際、地元にあった寺を菩提寺にし、当主の千葉自胤《よりたね》の墓があります。境内に大砲を垂直に立てた変わった碑があります。１８４１年（天保12年）、砲

乗蓮寺の東京大仏は像高8.2メートル

術家の高島秋帆《たかしましゅうはん》がここに本陣を置いて、西洋式調練や実弾射撃訓練をこの下の徳丸《とくまる》が原《はら》で行ないました。人々は西洋の軍事力の大きさを知り、高島の名声は上がりました。現在の高島平の地名は彼にちなみます。東武東上線・下赤塚駅、成増駅徒歩20分。

高島秋帆の顕彰碑

コース12

岩槻《いわつき》街道

JR埼京線・十条駅 ▶ 東京メトロ南北線・志茂《しも》駅

歩行距離／計7.6キロ
所用時間／3時間

岩槻《いわつき》街道は日光街道の脇街道ですが、将軍が日光東照宮に参拝する際はこの道が使われたため、日光御成道《おなりみち》とも呼ばれます。またかつての鎌倉街道が元になっているとも言います。現在の東大前の本郷追分《ほんごうおいわけ》で中山道と分かれ、幸手《さつて》で日光街道に合流する短い街道でした。

小山酒店
岩渕宿問屋場跡
小山酒造
大満寺
⑬宝幢院
⑭正光寺
⑮八雲神社
旧岩渕水門
荒川知水資料館
⑯志茂橋
⑰熊野神社
志茂駅
赤羽岩淵駅
川口市
足立区
新河岸川
荒川
隅田川
川口ゴルフ場
ゴルフ場
荒川下流河川事務所
岩渕水門
芝川水門
西蓮寺
第四岩淵小
岩淵小
赤羽小
なでしこ小（仮校舎）
なでしこ小（建替中）
北部セントラル
赤羽岩淵
赤羽署
王子労基署
赤羽局
東北本線
北本通り
東京メトロ南北線
新荒川大橋
新神谷橋
環七通り
鹿浜橋
敬仁

このコースで歩くルートマップ

（－－－－－は、電車・バスでの移動ルート）

将軍専用の日光参詣道

将軍の日光社参に岩槻《いわつき》街道を使ったのは、江戸を出て最初の宿泊地に岩槻城を使うことができたからなどと言います。また日光街道は庶民の往来で混雑しましたから、将軍専用にできる岩槻街道を選んだのでしょう。本郷追分《ほんごうおいわけ》を発した岩槻街道のうち、王子あたりまでは江戸であり、ここでは十条あたりから出発します。

ＪＲ埼京線・十条駅の南口を出て駅脇の踏切に向かい、左に行きます。右手のコンビニを過ぎた４つめの車道角を左に入ります。しばらく行くと左側に地福寺《じふくじ》❶があります。境内に大きなシイの木が立ちますが、空襲で被災しても枯れなかった木だと言います。墓地には、１６８５年（貞享２年）に作られた大変珍しい閻魔《えんま》大王像の庚申塔《こうしんとう》があります。また参道の生け垣の一部が茶の木ですが、これは古くは近辺が茶の産地だったこと

地福寺の石造閻魔大王

にちなみます。

山門を出て左です。東十条駅への入口❷をそのまま過ぎるとまもなく、左手に富士神社❸があります。社殿はなく大きな富士塚があるのみです。古墳を利用して江戸時代に作られました。今も毎年6月30日と7月1日の山開きは盛大で、露店がズラッと連なります。

富士塚前の荒川小学校横の道を入ります。奥に真光寺というお寺がありますが脇を抜け、道なりに行くと東十条駅南口への道に出ます。駅に入るには跨線橋を渡りますが、その手前右側に地蔵堂❹があります。

何体かのお地蔵様と、堂外には道標を兼ねた1791年（寛政3年）銘の庚申塔などもあります。先の跨線橋ですが、ちょっと心配になるくらいさびが出ています。それもそのはず、1895年（明治28

露店で賑わう十条富士の山開き

年）のイギリス製です。

お堂の裏は崖です。降りる階段もありますが、車道を歩いて行くとヘアピンカーブとはこのことかと言うような急角度の曲がり方で、しかも急坂で下っています。途中の解説板に地蔵坂とあり、先ほどの地蔵が名の由来のようです。

それにしても美しい坂で惚れ惚れします。東の豊島《とし》村《ま》から台地上に登る古い道ですが、自動車が出回る以前は切り通しなど造らず、このように急角度でも通行には支障がないので、急坂はつづら折りで登る場合が多いものでした。

地蔵坂を線路際まで

曲がり具合が美しい地蔵坂

（左）古びた東十条駅南口の跨線橋
（右）なんと19世紀、100年以上前にイギリスで造られていた

下って左へ行きます。駅の北口下を過ぎて少し行くと、左の崖下に小さな池を前にした荒澤《あらさわ》不動尊❺があります。もとはこの先の馬坂《うまさか》下にあった池のそばにあったようです。湧き水らしいきれいな水の中に、たくさんの金魚が泳いでいてびっくりです。

すぐ先に左に入る道があり、これが馬坂の名残です。先ほどの地蔵坂と同じく台地と低地を行き来する人のための江戸時代からの坂でした。最後の薄暗い階段を登ると、トラックがごうごうと行き交う環七の陸橋です。左に行ったところに馬坂の解説板❻があります。

すぐ先で岩槻街道が環七と交差しています。渡った角が八雲《やくも》神社❼です。元は環七の真ん中にありました。境内の

小さいながらも金魚などがいる池のある荒澤不動尊

環七脇の馬坂の碑

神社由緒に描かれたスサノオノミコトの絵がユーモラスです。角の生えた西郷《さいごう》さんにしか見えません。

　環七を横切り岩槻街道を進みます。左斜め上に登る道があるので入っていくと、森のようなところに出ます。八幡山児童遊園ですが、奥にその名の通り若宮八幡が祭られています。

　岩槻街道に戻り埼京線の下をくぐります。二つ目の路地を入るとすぐ左手に法真寺《ほうしんじ》という看板があり、うしろに石塔もあります。なぜかそこだけフェンスで囲われて寺の土地のようです。少し坂を登るようになると、右手に急階段が現われます。上に香取《かとり》神社❽がありますが、余裕のある方はどうぞ。眺めは大変いいです。そして道を登りきると法真寺です。室町時代にできたお寺で、庭園のような境内です。

　岩槻街道に戻って進みます。このあたりは拡幅

ユニークなスサノオノミコトの絵がある八雲神社

香取神社への急階段

工事中です。沿道の史跡や庚申塔がなくならないか心配です。この先に一里塚跡の案内板があったのですが、今はなくなっています。工事完成後に復活するのでしょうか？

街道沿いの交番脇の道、少し奥に庚申塔があります。道は真正寺《しんしょうじ》坂と言いますが寺は廃寺になり坂名だけ残りました。庚申塔は岩槻街道を向いて道路にはみ出して立っています。塔は道標も兼ねていて、道は中山道に抜ける道でした。

その先左奥に普門院《ふもんいん》❾があります。立派な鐘楼門と、変わった石造りの塔があります。創建は鎌倉時代ともいいます。このように荒川（中世は入間川）を渡る手前の丘陵だったこのあたりは重要な場所で、古くからの寺社があります。

さらに進むと、もうまもなく赤羽駅ですが、左

真正寺坂の入口に立つ庚申塔

竜宮城風の普門院鐘楼門

手の崖のような急斜面上に続く石段が見えてきます。この上が図 静勝寺《じょうしょうじ》⑩です。ここは稲付城《いなつけ》という太《おお》田《た》道灌《どうかん》が造ったと言われる城跡で、都の旧跡です。足元が岩槻街道で鎌倉時代からの宿場の岩淵《いわぶち》宿も近く、道灌が守った江戸城と岩槻城の中継点にもなる要衝です。

道灌の子孫が館を構え、江戸時代になって寺を建てました。発掘調査では道灌より少し後の時代ですが、戦国末期の堀などが出ています。急階段を登った境内には道灌堂があり、像が納められています。江戸時代に作られたものですが、道灌の風貌を伝える貴重なもので、月命日の26日に公開されています。

毎月26日に扉が開けられる道灌堂の太田道灌像

道灌堂の左手の門から出ます。右へ進むと曲がりくねって下り階段になります。途中踊り場から右に道がありますので進みます。左側が急斜面で眺めが良く、赤羽の西側が山と谷でできているのがよくわかります。左へ降りる階段を下り、そのまま車道を横切って進むと左手に亀ヶ池弁財天⑪があります。かつて大きな亀ヶ池があり、稲付城の堀だったと言います。江戸名所図会にも霊亀のいる池として静勝寺の八名勝の一つとしています。

かつては赤羽よりも栄えた岩淵宿

赤羽駅へ向かい西口に出たら左へ行きます。新幹線などの高架をくぐる道を過ぎ、少し進むと新幹線高架の前に図赤羽八幡⑫の石柱がありますが、参道はなんと高架下です。線路下の反対側に出ると境内に登る階段があり、登ってみると社務所は新幹線トンネルの上です。

新幹線高架下をくぐる赤羽八幡参道

境内からは新幹線などが走ってくるのを上から見られる

稲付城の堀だったと言われる亀ヶ池弁財天

創建は坂上田村麻呂《さかのうえのたむらまろ》という驚きの古さで、さらに太田道灌が中興したと言います。新幹線が通ることになって大騒ぎでしたが、今では鉄道ファンには人気の神社です。境内には隣り合っていた陸軍駐屯地内の鎮守、赤羽招魂社《しょうこんしゃ》も移されています。戦前の赤羽は軍の工場、工兵連隊、火薬庫などが密集する軍の街でした。

高架をくぐる道に戻り、左へ行くとすぐ左手に宝幢院《ほうどういん》⓭があります。山門正面に向かってくる道が赤羽駅東口からの岩槻街道です。街道は寺の前で右折するので道標が残っています。

岩槻街道を進んで行くと北本通《きたほんどお》りに出ます。赤羽交差点を渡り、右斜めに入る細い道へ入ります。このあたりが古くからの岩淵宿の中心です。右手に大満寺《だいまんじ》、正光寺《しょうこうじ》⓮などと寺が続きます。正光寺の先で左に曲がり、まもなく右手北本通りに戻って右に行くと、まもなく右手に小山酒店という店があります。裏に小山酒

「南　江戸道」などと深く彫られた宝幢院前の道標

造という工場を持ち、23区唯一の造り酒屋です。隣のマンション前には「岩渕宿問屋場阯之碑」が立ちます。問屋場とは宿場の荷物の差配をする最重要施設でした。

新荒川大橋を渡ると埼玉県。昔は橋はなく渡船で、百図川《かわ》口《ぐち》の渡しと呼ばれました。今は川の流れもだいぶ変えられていますが、江戸時代はすぐ前が荒川でした。橋を渡らず、川沿いに右に行くと、最初の角の先に八雲《やくも》神社⑮があります。境内に「町名存続之碑」が立ちます。

先にも書いたように、鎌倉時代からこの地には岩淵宿が栄えていましたが、明治になって赤羽駅ができると駅周辺が賑わい、赤羽の名のほうが知られるようになりました。戦後になって住居表示を実施する際に岩淵町の名も消えかかりましたが、反対運動で今もその名は残りまし

「岩渕町」町名存続の記念碑

岩淵宿問屋場跡の碑

た。

　また新河岸川沿いの道に戻りしばらく進みます。荒川治水工事などの内容をPRする荒川知水資料館や隅田川の出発点の岩淵水門へ渡る橋⑯があります。その少し先に熊野児童公園があり、表側に出ると熊野神社⑰です。

　鎌倉時代の創建で、大きな絵馬が奉納されている絵馬堂があります。本殿脇の阿夫利《あふり》神社の社殿は現本殿ができる前の江戸時代の本殿で貴重です。また摂社の梛野原《なぎのはら》稲荷神社は、この先の荒川開削工事で川底に沈んだ場所にあった社を移転したものです。

　長い参道を出て左に行きます。道なりにしばらく進んでいって、歯科医院を過ぎたところで右折すると東京メトロ南北線・志茂《しも》駅です。

隅田川のほとりに建つ熊野神社

コラム

江戸・東京の寺町

東京は寺院の多い都市ですが、ふだん生活する分には、あまり寺院を目にすることはありません。それは多くの寺が特定の場所に集中しているからです。

江戸市中の寺は、幕府の方針によっていくつかの場所に集められました。その目的は、まず江戸に入ってくる街道の入口に寺を集めていざというときの砦《とりで》とするため、鬼門《きもん》や裏鬼門に置いて江戸城の守護とするため、江戸城外堀内には寺は造らせず市街地を確保するためなど、さまざまでした。

江戸城や市街地の発展に応じて江戸の寺院は

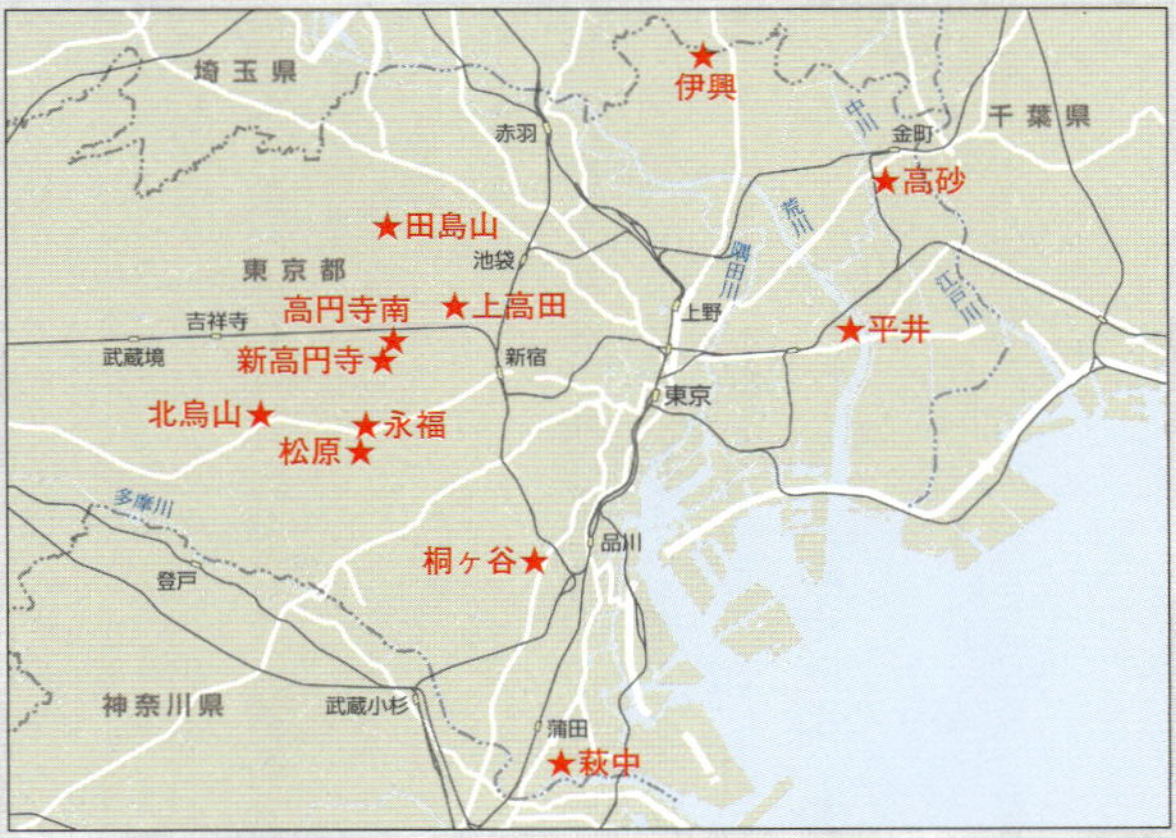

しばしば移転させられ、移転を経験していない寺院はほとんどないほどです。このように移転寺院ばかりというのが江戸・東京の大きな特徴です。

明治維新後は、まず明治中期から末にかけて、産業の近代化などによって、寺の多くが邪魔にされ、移転が進みました。上高田《かみたかだ》、新高円寺《しんこうえんじ》などです。次に関東大震災で大被害を受けた寺院が郊外に移転しました。北烏山《きたからすやま》、永福《えいふく》などです。

最後に戦災後にも焼失した寺院の多くが元の場所での再建をあきらめて郊外などに移転しましたが、この時は個々に移転することが多かったようです。

寺の移転というのは建物だけでなく、お墓なども持っていきます。明治の移転では、どうやって運んだのか不思議ですが、墓石なども一つ一つ持っていっています。ですから江戸時代の有名人のお墓が郊外のお寺にあったりするのです。しかし墓石は移しても、土まではもちろん持っていけません。つまり骨自体はそのままです。今でも江戸の寺院跡を発掘すると、しばしば瓶《かめ》や桶《おけ》に入った江戸時代人の遺骨が出てきます。

コース13

日光街道

JR北千住駅 ▶ 東武スカイツリーライン・竹ノ塚駅

「関原二丁目」BS－梅島駅 ……………… 3.3キロ
西新井駅－「増田橋」」BS ……………… 3.7キロ
「竹の塚4丁目」BS－「保木間」BS …… 0.8キロ
「花畑4丁目」BS－「花畑団地」BS …… 2.8キロ

歩行距離／計10.6キロ
所用時間／5時間30分

日光街道は神君家康《いえやす》公の眠る日光へいたる道でしたが、宇都宮までは奥州道中と同じ道で、実質的には奥州道中と呼んだほうがいい道です。建前はともかく、北関東や東北の物資を江戸へ運ぶための道路です。

⑩御成橋
国土安穏寺
足立区役所
石不動尊
北千住駅
六町駅
(区画整理中)
N
0
500m
加平小
六町(四)
平野(三)
平野小
一ツ家(二)
六町(二)
西加平(二)
六町(一)
加平(三)
東京地下鉄綾瀬検車区
平野(一)
東島根中
東栗原小
一ツ家(三)
環七通り
等潤
綾瀬署
中央本町(五)
栗島中
栗島小
青井(六)
青井(四)
東加平小
しょうぶ沼公園
加平(一)
谷中(二)
青井中
つくばエクスプレス
足立署
中央本町(一)
青井高
綾瀬(七)
医師会館
中央本町(二)
谷中(一)
青井駅
綾瀬川
足立保健所
青井(二)
青井(三)
第四中
足立高
青井小
綾瀬(六)
東綾瀬(三)
弥生小
第十一中
東京メトロ千代田線
東武スカイツリーライン
弘道(一)
弘道第一小
弘道(二)
江北高
綾瀬(四)
梅田
五反野駅
西綾瀬(三)
東京武道館
東綾瀬中
下井
足立(一)
西綾瀬(二)
弘道小
東綾瀬(一)
足立小
綾瀬(三)
綾瀬小
足立(三)
綾瀬駅
常磐線
綾瀬(二)
綾瀬(一)
千住新橋
小菅駅
東京拘置所
法務局
中央図書館
西小菅小
葛飾区
葛飾盲
千住(五)
小菅(一)
小菅(三)
堀切(七)
北千住局
小菅東水再生センター
こすげ小
堀切中央
綾瀬中
千住(四)
日ノ出町
堀切(六)
小菅(二)
南綾瀬小
千寿本町小
堀切(五)
千寿桜堤中
足立学園高·中

このコースで歩くルートマップ（その1）

（━ ━ ━ ━ は、電車・バスでの移動ルート）

ひたすら北へまっすぐ延びる日光街道

北千住《きたせんじゅ》の街は近年、大きく雰囲気が変わりました。西口が再開発され、駅周辺に多くの大学が移転し、若者向けの店がたくさんできました。しかし古い宿場の雰囲気もよく残っています。五街道の日光街道の最初の宿場であり、北の宿場外れからは水戸街道、下妻《しもつま》街道が分岐し、南で隅田川の舟運を利用できる交通の要衝でした。現代も5つもの鉄道路線が集まってますから、土地の性格は変わらないものですね。

今回はこの北千住駅からバスに乗っていきます。西口の4番乗り場、「西新井駅行き」です。バスは駅前通りから墨堤《ぼくてい》通りに入ります。墨堤はその名の通り江戸時代の隅田川の堤防です。車窓から見ても道路が両側より高くなっているのがわかる場所があります。

西新井橋を渡って「関原《せきはら》二丁目」で降ります。目の前にコンビニがありますがその前から斜め左に入る細い道を通ります。突き当たりを左、最初の角を左で中曾根《なかそね》神社❶の大きな石柱が見えます。

ここには武蔵千葉氏の中曾根城がありました。千葉氏はその名の通り千葉市周辺・

下総《しもうさ》国が地盤でしたが、戦国騒乱の中で敗れ、台東区の石浜《いしはま》城や板橋区の赤塚《あかつか》城に逃れて武蔵千葉氏となりました。その石浜城の支城と思われるのがこの中曾根城で、近年まで伝承に過ぎませんでしたが、発掘の結果幅7メートルもある堀が見つかり、城跡と確認されました。

城が築かれたのは15世紀後半と思われ、のち武蔵千葉氏はこの中曾根城を本拠にしたとも言われます。境内の石碑には「千葉勝胤《かつたね》によって築かれた」とありますが、勝胤は別流の下総千葉氏の人間で本佐倉《もとさくら》城主ですし、武蔵千葉氏に勝胤という人物はいません。

入った所と反対側の細い参道から出て左に向かいます。バスに乗って来た尾竹橋《おたけばし》通りに出ます。横断歩道を渡ってまっすぐ進み突き当たりを右、次の角を左。少し行くと右側に児童遊園があり、

中曾根城跡の中曾根神社

その奥が関原八幡❷です。江戸時代まではこのあと行く大聖寺《だいしょうじ》の中にありましたが、明治の神仏分離令で出されてしまいました。

正面の通りが関原不動商店街で、左へ行くとすぐに関原不動大聖寺です。15世紀後半の創建といいますので、中曾根城と関係があるのかもしれません。本堂は幕末のもので、これだけ大きな木造建築は都内では貴重です。本堂内には8代目市川《いちかわ》團十郎《だんじゅうろう》奉納の提灯などもあります。

関原八幡まで戻り、すぐ先の角を左へ行きます。しばらく道なりに進んで、少し左に曲がって

（上）8代目市川團十郎が奉納した提灯などもある
（下）関原不動の本堂

突き当たった道を右です。建設中の大きな道路に出ますので左に曲がるとお寺の長い塀です。次の角も左に行くと赤不動明《みょう》王院《おういん》❸の山門です。

　源《みなもとの》頼朝《よりとも》の叔父に当たる義広《よしひろ》が開いたと伝わります。義広は頼朝と対立して死にますが、実はここに潜み、子孫は天満宮を造って天神の紋から姓を梅田と変え、これが付近の地名になったと言います。寺宝の如意輪《にょいりん》観音像は室町時代初期の作品で、毎年秋の東京文化財ウィークには公開されます。

　山門前にまっすぐ延びる道を進みましょう。途中少しクランクするところもありますが、道なりに行くと旧日光街道に突き当たり、角に石不動尊❹があります。石不動尊は耳の病気に霊験あらたかと言います。

　左に曲がり旧日光街道を歩きます。古紙回収会社があるT字路を左に行き、2つ目の路地を右に入ると右手に佐竹《さたけ》稲荷❺が

明王院の本堂

石不動尊のお堂

あります。周辺は江戸時代は秋田藩佐竹家の抱《かかえ》屋敷で、屋敷内の鬼門よけの稲荷が明治以降も残ったものです。

日光街道に戻り進んでいくと、やがて東武スカイツリーラインの梅島《うめじま》駅に出ます。このあたり日光街道はどこまでもまっすぐです。日光街道を造った当初はこのあたりには何もなく、とにかく最短距離でまっすぐ北に道を造ったためでしょう。

「西新井」があって「東新井」がない理由

梅島駅から隣の西新井駅で東武大師《だいし》線に乗り換え、大師前駅まで行きます。大師線は2両編成で西新井駅との1駅間を往復するだけ。ワンマン運転で大師前駅には改札も券売機もないという超省力化線です。

秋田藩佐竹家の抱屋敷があった佐竹稲荷

まっすぐに延びる旧日光街道

駅を出て右へ行くと、左側が名所の牡丹園で、回り込んでいくと西新井大師❻の山門に出ます。西新井大師は正式には五智山遍照院總持寺《そうじじ》という真言宗のお寺です。弘法《こうぼう》大師がこの地を訪れた際、厄災に悩む人々のために観音像と自像を作って安置したのが始まりで、さらに大師は涸れ井戸に祈願し、水を湧き出させました。本堂の西に水が湧いたので「西新井」の名がつきました。ですから東新井はありません。

山門は江戸時代後期のもので仁王像が立っています。門前に名物の草団子屋が並び、売れ行きを競っています。

境内に入るとすぐ左に塩まみれの塩地蔵、六角堂と並び、正面が大本堂です。左手前の小さな小屋根が大師が湧かせた井戸、加持水《かじすい》で、さらに左手には、中がらせん階段になっている三匝《さざえ》堂があります。ほかにも見どこ

西新井大師の山門

西新井大師の大本堂

ろ豊富です。

小林一茶《こばやしいっさ》が「やせ蛙」の句を詠んだ場所

大師駅から西新井駅に戻り東口に出ます。左に行きビルと線路の隙間の道から環七陸橋下をくぐる横断歩道を渡ります。右へ行って最初の角を左、次の左角にお堂があります。中には庚申塔などが三つあり、ここを猿仏塚《さるぼとけづか》⑦と言います。真ん中の庚申塔の銘は１６２９年（寛永６年）で、23区内では最古級です。

言い伝えでは昔、大変賢い猿がいて子守を任されていましたが、行水をさせようと湯を沸かして悲しい猿知恵、

（右）弘法大師が湧かせたという加持水
（左）西新井大師三匝堂。らせん階段になっており、登っていくといつのまにか降りてしまう

熱湯のまま子を入れ死なせてしまいました。大変悔やんだ猿は食を断ち死にました。人々が猿を弔ったのがこの塚だと言います。

右へ行き道なりに進みます。中央分離帯のある道を越えてマンションの角を左へ行くと突き当たりが国土安穏寺《こくどあんのんじ》❽です。室町時代初期に千葉氏によって創建されたといいます。江戸時代は将軍の鷹狩りの際の休憩所で、徳川家光《とくがわいえみつ》お手植えの松というものが境内にあります。

突き当たった道を山門とは逆方向に進み、先ほどの分離帯があった太い道に出て右に行きます。次の信号交差点を渡って右に行くと、左手に巨大な長屋門❾があります。江戸時代末期のもので、旧島根村の8割の土地を所有していたという

不思議な伝説の残る猿仏塚

徳川家光お手植えという国土安穏寺の松

名主牛込《うしごめ》氏の邸宅でしたが、人手に渡り今は赤羽家長屋門と呼ばれます。間口は20メートル近くあり、大名家にも劣らない規模です。

そのまま進んで次の信号の左右の通りが日光街道です。右に行き次の交差点、先の国土安穏寺へ続く道の両側に題目石塔があります。この道脇の用水に御成橋《おなりばし》❿がかかり、将軍はここから出入りしたそうです。

日光街道を北に行きます、このあたりもまっすぐな道です。少し先に鷲《わし》神社⓫入口の看板があり、左に入ります。すぐ右側に境内があり、社殿の裏に小さな富士塚があります。

日光街道に戻り、信号の次の角を左です。ややくねくねした道を道なりに進み、太い車道も渡って突き当たりを右に行き、すぐの変則六差路を分離帯のある道右側に

巨大な赤羽家長屋門

御成橋の跡。両側に題目石塔が立ち、かつては松並木が国土安穏寺まで続いていたという

入って右に曲がると炎天寺《えんてんじ》⑫です。俳人の小林一茶《こばやしいっさ》が滞在中「やせ蛙　負けるな一茶　是にあり」の句を詠んだ所です。境内には多くの句碑、一茶像、カエルの像などが並びます。毎年一茶まつりが開かれます。

炎天寺は隣の図八幡神社の別当寺でしたが、平安時代に源義家《よしいえ》が奥州征伐の途中ここで賊に襲われ、六月（旧暦）の炎天下だったので負けそうになったのを、八幡神に祈ったところ形勢を逆転し、撃退できました。その御礼に社殿を造り、別当寺は炎天寺を名乗ったと言うことです。地名の六《ろく》月《がつ》はこの故事に由来すると言います。

境内前の道を左に進むと、少し先の左手に西光院《さいこういん》⑬があります。境内に、足立区内でもっとも大きいという1699年（元禄12年）造の大日如来《だいにちにょらい》が露仏で鎮座します。境内のサクラが見事です。

山門を出て左、すぐ右、突き当たりを左

小林一茶の句碑とカエルの像

瀬崎（五）
瀬崎（六）
福寿院
瀬崎（七）
足立特別支援
綾瀬川
八潮（六）
八潮（四）
南部葛西用水
㉒分岐点
㉓大鷲神社
大原中
花畑（七）
花畑（六）
花畑北中
八潮市
大原
桜花小
㉕花畑団地バス停
大曽根
花畑（四）
花畑（三）
垳川
大曽根小
花畑西小
花畑（二）
㉔正覚院
花畑中
花畑（一）
花畑第一小
保木間バス停
南花畑特別支援
南花畑（四）
浮塚
渕江第一小
足立車検事務所
神明（三）
六木（四）
⑲大乗院解説板
城北特別支援
⑯竹の塚4丁目バス停
神明（一）
神明（二）
東保木間（二）
南花畑（二）
南花畑（三）
花畑小
渕江高
総合スポーツセンター
花保中
花畑川
足立区
花保小
第十三中
神明南（二）
辰沼（二）
東保木間（一）
神明南（一）
つくばエクスプレス
六町（二）
南花畑（一）
辰沼（一）
佐野（二）
保塚町
加平小
六町（四）
六町駅
北加平町
綾瀬検車区
東京地下鉄
辰沼小
一ッ家（二）
六町（三）
（区画整理中）
西加平（二）
六町（一）
谷中（五）
加平（三）
東島根中
東栗原小
谷中（三）
谷中中
一ッ家（三）
等潤
あやせ
栗島中
綾瀬署

このコースで歩くルートマップ（その2）

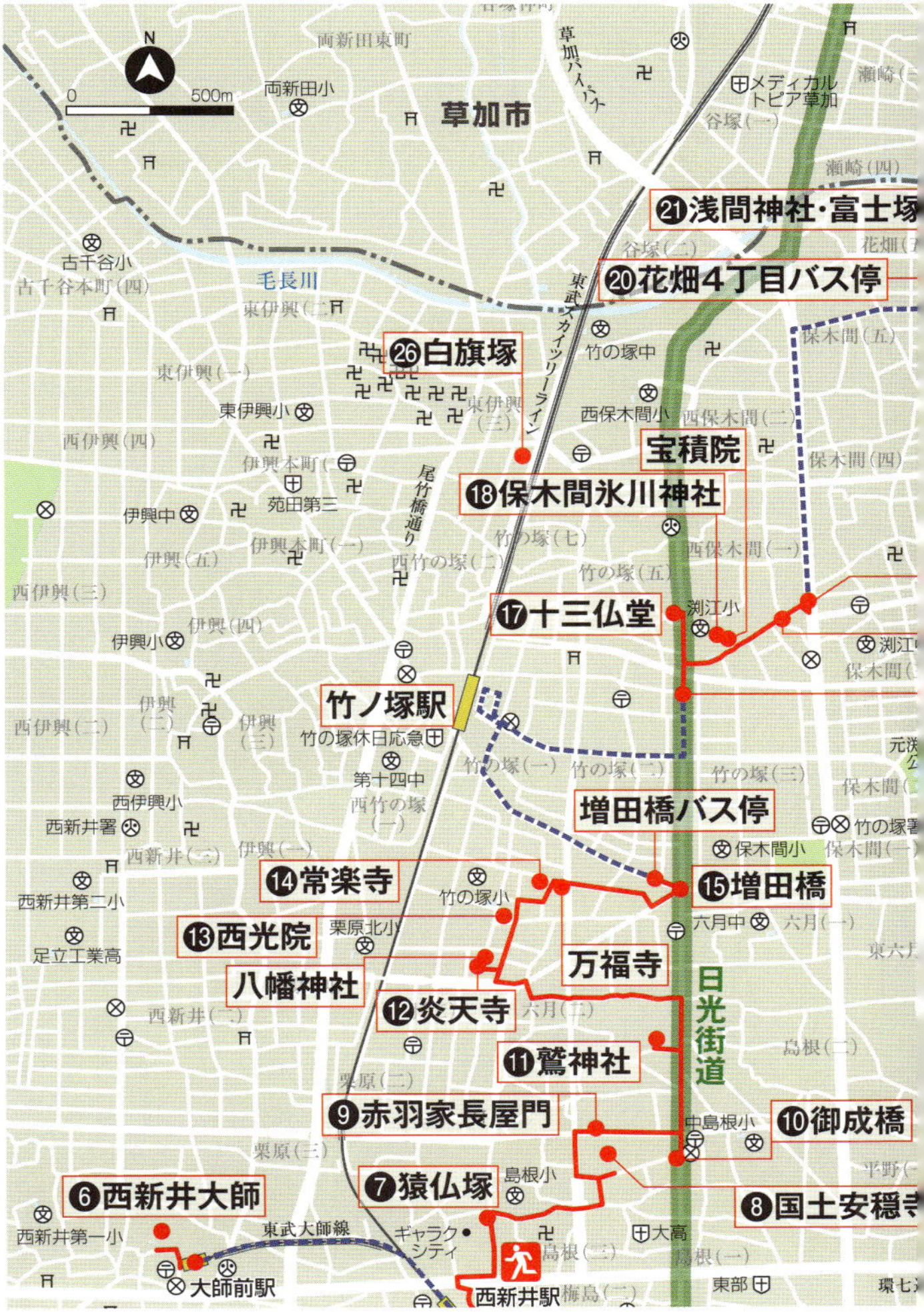

（------ は、電車・バスでの移動ルート）

で常楽寺《じょうらくじ》⑭があります。右に行くと今度は右手に万福寺《まんぷくじ》です。足立区の中では、この六月村、この先の竹の塚、保木間《ほきま》あたりが淵江郷《ふちえごう》といい中心地の一つでした。そのまま進み少し右に折れて出た道を左で増田橋の交差点⑮です。ここで伊興《いこう》、舍人《とねり》方面に行く赤山《あかやま》街道が分岐していました。

桜が美しい西光院

増田橋跡の交差点。左が赤山街道

田中正造《たなかしょうぞう》の「保木間《ほきま》の誓い」

ここからはバスです。赤山街道に入って少し行くと「増田橋」バス停があるので「竹ノ塚駅東口」に行きます。そこから「桑袋」もしくは「足立清掃工場行き」に乗って「竹の塚4丁目」⑯で降ります（この間の歩いた場合の距離0・8キロ）。さほど本数は多くないので、脚に自信がある方は日光街道をそのまま歩いても構いません。このあと東武バスには何回か乗りますので、足立一日フリーパスを買っておくのもいいでしょう。西新井駅などの営業所で買えます。

バスを降りたら進行方向に日光街道を進みます。信号を渡って三つ目の角を過ぎた左路地の奥に十三仏堂⑰があります。十三仏とは江戸時代に広まった十三回の追善供養に対応する仏のことで、お堂には十三仏の像があります。しかし堂はどこかの寺に属するものではなく、地域の三ノ輪《みわ》厨子《ずし》という集団が管理しています。

厨子とは足立区などでは今も残る農村の小さな近隣単位の共同体、互助組織です。この三ノ輪厨子も、13軒の家で成り立っています。十三仏堂は今は町会会館のようなものですが、農村の古い信

集会施設になっている十三仏堂

仰の形を今も垣間《かいま》見ることができます。

先ほどのバス停近くの信号まで戻り、向かいの渕江《ふちえ》小学校の脇にある道に入ります。この道は流山道《ながれやまみち》という古い道で、ここから大鷲《おおとり》神社あたりを経て流山や成田山《なりたさん》に通じていました。

道沿い、渕江小のすぐ裏が保木間氷川《ひかわ》神社⑱で、別当寺だった宝積院《ほうしゃくいん》も隣り合っています。ここには戦国時代に武蔵千葉氏の陣屋があったともいい、境内奥には富士塚もあります。明治になっての話ですが、有名な足尾《あしお》鉱毒事件で被害地域の農民3000人が3回目の抗議上京「押し出し」を1898年（明治31年）に行なった際に、鉱毒追及の中心だった国会議員の田《た》中正造《なかしょうぞう》がこの神社に来て、問題解決の努力を約束して帰郷させました。これを「保木間の誓い」と言います。保木間の住民は、抗議農民たちに炊き出し等をして支えま

氷川神社の富士塚

した。

流山道をそのまま進み住宅街の角に「1300年代の大《だい》乗院《じょういん》付近」と書かれた解説板⑲があります。脇の道を行くと大乗院という寺に行き着くのですが、寺は鎌倉時代から室町時代初期にかけて大変栄え、たくさんの伽藍がありました。周囲の大門厨子の人たちがわらの蛇を作る「じんがんなわ祭り」は今も続いています。

中世の大乗院の様子が描かれている

関東一円の「酉《とり》の市」発祥の地

そのまま流山道を進むと現日光街道・国道4号に出ます。「保木間」のバス停がありますので、ここから「花畑団地行き」のバスに乗り、「花畑4丁目」⑳で降ります（この間の距離1・3キロ）。花畑とはかわいらしい地名ですが、もともとは花又《はなまた》村、と言ったのを明治中頃の町村合併の際、新たに字を宛てて作った名です。

バスの進行方向、北に向かいます。信号を過ぎた次の角を左に行くと突き当たりに富士塚自体が神社の浅間神社㉑があります。明治の初め頃造られたと言われかなり大きいものですが、もともとあった古墳を利用していると言います。

すぐそばを毛《け》長川《なががわ》が流れています。川沿いに右に向かいます。川沿いの道が二叉に分かれるところ㉒で右に入り、まっすぐ進みます。途中右に福寿院《ふくじゅいん》という寺があり、さらに進むと図大鷲神社㉓の入口です。

神社は源義家の弟義光《よしみつ》が創建したといい、実質的な祭神は義光でした。このため義光の子孫である秋田藩佐竹家から支援を受け、今の本殿は幕末に建てられたものです。賽銭《さいせん》箱に佐竹家の家紋、五本扇に月丸が描かれています。社殿内の龍の彫り物など実に見事です。また社叢も豊かで美しい庭園もあります。

また関東ではあちこちで行なわれる酉《とり》の市はここが発祥です。江戸時代にこの寺の境内で開かれた農閑期の市が人気にな

浅間神社の富士塚

酉の市発祥の大鷲神社

り、賭博なども開かれていたそうです。これが幕府に目をつけられ、市は禁止されますが、その賑わいが浅草《あさくさ》に移り、今の各地での酉の市に発展しました。このあたりは綾瀬《あやせ》川の舟運などでも栄え、豊かな村でした。

来た道を戻り、福寿院の角を左です。二つ目の信号を右に行き信号を左で、二つ目の十字路を右に行くと正覚院《しょうかくいん》㉔です。ここには23区内でもっとも古い、1623年（元和9年）銘の庚申塔があります。庚申信仰自体はかなり古くからあるものですが、庚申塔を立てるというのは最古でも15世紀で、流行するのは江戸時代からです。その発祥地がどうも足立区周辺のようです。

正覚院を出て右角を曲がり、突き当たりを左。信号を過ぎて次の角を右に曲がると「花畑団地」のバス停㉕です。「竹ノ塚駅行き」に乗って帰りましょう。

真ん中が23区内最古の庚申塔

●周辺のその他の見どころ

白旗塚《しらはたづか》（足立区東伊興30）㉖ 図

5、6世紀の円墳で直径12メートル高さ2・5メートルあります。本文で書いた源義家が襲撃を撃退したあと、勝どきをあげてここに白旗を立てた、との伝説が、図会にも書かれています。未発掘ですが、図会には「近づくとたたりがある」と書かれており、今まで残った理由のようです。今は公園風に整備されています。東武スカイツリーライン・竹ノ塚駅徒歩12分。

性翁寺《しょうおうじ》（足立区扇2－19－3）図

行基《ぎょうき》が熊野の霊木で六体の阿弥陀《あみだ》如来像を造る際、根元の余った木で造ったのが当寺の「木余りの阿弥陀」だと言います。六阿弥陀信仰は江戸時代に女性に人気で

堀も復元された白旗塚

した。隅田川に入水して死んだ足立姫《あだちひめ》の墓というものもあります。日暮里・舎人ライナー・扇大橋《おうぎおおはし》駅徒歩8分。

性翁寺にある足立姫の墓

コース14

水戸街道

東武スカイツリーライン・小菅駅 ▶ JR金町駅

小菅駅－綾瀬駅……………………………2.8キロ
亀有駅－「亀有警察署前」BS…………3.4キロ
金町駅－「水元公園」BS ………………3.8キロ

歩行距離／計10.0キロ
所用時間／4時間30分

現代の水戸街道と江戸時代の水戸街道は、23区内ではずいぶんと道筋が違います。江戸時代は千住の先で分かれていましたが、今は浅草から分かれます。五街道には入っていませんが、五街道に次ぐ重要街道で、他の脇街道とは別格の扱いでした。

⑩香取神社
⑨恵明寺
一本松石仏群
浜街道踏切
⑫馬頭観音堂
亀有駅
中川橋橋詰広場
水戸街道
⑦一里塚跡
⑧亀有上宿跡
アリオ亀有
⑪日枝神社
新宿一里塚バス停
⑲葛西城跡
金阿弥橋跡
亀有警察署バス停
N
0
500m
中川公園
南水元(一)
中川(四)
中川(五)
東和(四)
東和
大谷田小
新宿(六)
東京理科大
中川(三)
亀有(五)
東和(二)
三谷小
長門小
東部地域
文化ホール
中之台小
亀有局
新宿(五)
新宿(四)
亀有(四)
道上小
一之台中
亀有(三)
亀有
常磐線
中川橋
新宿小
国道事務所
亀有出張所
亀有署
環七通り
新宿中
亀有中
新宿(二)
新宿(一)
亀有(一)
亀有(二)
農産高
亀青小
中川大橋
新宿(三)
間外科
貨物線
修徳学園中・高
中川
葛飾区
葛飾野高
高砂(七)
お花茶屋(三)
千葉小
白鳥(四)
郷土と天文の博物館
葛飾医療センター
花茶屋(二)
水戸街道
青戸(四)
青戸小
青戸中
共栄学園中・高
白鳥小
中青戸小
青砥平和公園
青戸(六)
京成電鉄本線
お花茶屋駅
白鳥(二)
青戸(二)
青砥駅
青砥橋
青戸(三)

このコースで歩くルートマップ（その1）

（━━━━━ は、電車・バスでの移動ルート）

足立区と葛飾区の境界が曲がりくねっている理由

東武スカイツリーライン・小菅《こすげ》駅で降ります。小菅は葛飾区の地名ですが、駅は足立区です。駅の目の前が掘割になっており、向こう側は有名な東京拘置所です。堀沿いに右に歩きます。公衆トイレもある公園のような場所に出て、一角に江戸時代の絵図もついた小菅御殿跡❶の解説板があります。

江戸時代初め、ここには関東郡代伊奈《いな》氏の屋敷があり、その後8代将軍吉宗《よしむね》は鷹狩りの際の休憩所を造り、9代将軍家重《いえしげ》もよく利用しました。のち飢饉時に備える籾蔵《もみぐら》などが建っていましたが、明治政府はこの土地を利用して犯罪者の収容施設を造ります。

さらに進んで正門付近に近づくと、鉄柵の中に大きな石灯籠が立っています。これは江戸時代後期のもので、御殿のものだと言われています。元は敷地内の奥にありましたが、見やすいようにわざわざ場所を移し

小菅御殿跡の案内板。背後は東京拘置所内の官舎

東京拘置所内にある小菅御殿の灯籠

ました。

拘置所敷地に沿って進んで行きます。右に児童遊園がある手前角に小菅稲荷❷があります。御殿内の鎮守だったのが昭和になって移転させられたそうです。右に向かう広い通りは松原通りといい、江戸時代は将軍の御成道で両側が松並木でした。

通りに入りすぐ左に行くと右は西小菅小になり、先の角に「銭座橋」と書かれた小さな石柱があります。「ぜんざばし」と読むようです。この西小菅小あたりには幕末のごく短期間、銭を鋳造する銭座がありましたが、造っていたのは鉄製の粗悪銭でした。その頃の幕府にはもう、銅銭を鋳造する財力がなかったのです。

石柱の角を右に曲がると校門があり、銭座の解説板があります。そのまま突き当たりまで行きましょう。出た道が水戸街道です❸。今は荒川で分断されていますが、かつては千住からこのあたりに道が通じていました。

小菅銭座に架かっていた銭座橋跡

左へ行くと綾瀬川《あやせがわ》に突き当たり、左に曲がって橋❹を渡ります。その名も水戸橋です。昔はまっすぐ川を渡っていたのですが、最近の架け替え工事で少しクランクするようになりました。渡った後は水戸街道ではなく、橋から見てやや左の道に入ります。この道は葛飾区と足立区の境界です。

すると小さな川❺があります。川に沿っていくと解説板があり、「古隅田川《ふるすみだがわ》」だそうです。関東の川の流れは江戸時代の治水工事で大きく変わっています。昔は利根川は荒川と合流し、東京湾に流れ込んでいました。埼玉県の古利根川や元荒川がその名残です。隅田川の上流は入間川《いるまがわ》で荒川とはつながらず、綾瀬川は中川《なかがわ》に流れ、その下流から隅田川（古隅田川）が分かれていました。

古隅田川の跡

中世以前は洪水などで今の東京23区東部の川は、曲がりくねっていました。地図を見ていただければわかりますが、小菅や綾瀬のあたりの足立区と葛飾区の境界はとても大きく曲がって入り組んでいますが、それは大昔の川の流れを引き継いでいるからです。そしてこの境界が足立郡と葛飾郡の境界となり、武蔵国と下総国《しもうさ》の境界でした。東京と千葉の境は昔はこの古隅田川だったのです。

なるべく古隅田川に沿って歩きましょう。最初は川沿いです。橋があり左に行って川と離れますが、次の角を右でまた先に川が見えます。突き当たりを左に行くと、川幅が広くなります。信号を右。二つ目の十字路で左に行くと川はなくなりますが、実はこの道は古隅田川を埋めてできた道で、足立区と葛飾区の境です。

左向こうに公園のある十字路

力強い根張りに驚く

養福寺と境内のクスノキ

を右に行くと、左に養福寺《ようふくじ》❻があり、境内のクスノキが見事です。特にその根張りは、近くの石碑を押し上げてしまうほどの力強さです。寺を出て左隣の一角の北野神社には、都内ではほかに例のない祠型の庚申塔があります。

直角の屈折を繰り返す旧水戸街道

ＪＲの線路まで行き、左に進んで綾瀬駅でＪＲ常磐線に乗って亀有《かめあり》駅まで行きます。南口からいくつもの道が出ていますが、右から三番目の真南方向の道へ入ります。駅前の次の信号左右の通りが水戸街道で右へ行きます。

すぐ向こう側にかなりシュールな碑❼が立っています。このあたりにかつて水戸街道の日本橋《にほんばし》から三里目の一里塚がありました。写真でおわかりと思いますが、水戸黄門と助さん、格さん

北野神社の祠型庚申塔

おなじみ水戸黄門トリオの一里塚

をかたどっています。

来た道を戻って水戸街道沿い左側を歩きます。信号を渡ると亀有上宿《かみじゅく》と書かれた小さな碑❽があります。亀有に宿場はありませんでしたが、中川を渡る前でもあり、街道沿いに多少の賑わいはありました。今も付近の商店会は亀有上宿商店会です。また江戸初期まで地名は亀梨あるいは亀無でしたが、「無し」は縁起が悪いと、亀有に直されました。

碑の先、信号の次の角を左に入ると、突き当たり奥に鎌倉時代創建の恵明寺《えみょうじ》❾があります。右脇の道を抜けるとすぐに環七に出て、目の前の歩道橋を渡ると左手に香取《かとり》神社❿があり、こちらも鎌倉時代創建です。

神社の右は日本板紙の工場跡地を再開発してできたアリオ亀有です。間の道を進みアリオを回り込んでい

亀有上宿の石柱

亀有駅に近い香取神社

くと、少し足立区をかすめます。アリオの裏に回ると、左側に歩道が広場のように広がった場所があり、その隙間から向こうに出られます。

出てまっすぐ行った突き当たり、中川の堤防下に、灯籠の残骸などが散乱しています。ここにはかつて水《すい》神社がありました。今は先の香取神社に移っています。堤防に登ると橋がありますが江戸時代は橋はなく、水戸街道の百「にい宿の渡し」がありました。水神社は渡しの安全を祈った社でしょう。この中川が江戸時代以前は荒川と合流した利根川の最下流でした。江戸の防衛上、中川には橋はありませんでした。水戸街道という重要街道の渡しでしたので、多くの人が行き交う場所でした。

橋を渡ると左たもとには広場があります。ここにかつて大きなタブノキが立ち目印になっていましたが、現在の橋を架ける工事の際、切られてしまいました。今は切り株と、旧橋の親柱などがあります。

中川べりの水神社の跡

ここから先が新宿《にいじゅく》です。北条《ほうじょう》氏が武蔵に進出して以降、現在の水戸街道の道筋が整備され新宿が宿場になりました。北条氏は世田谷でもそうでしたが、防御のため街道を直角に曲げたがります。

新宿では渡しを渡ると水戸街道は右に曲がり、日枝《ひえ》神社⑪で左に曲がり、金阿弥《きんあみ》橋も左に曲がり、もう一度右に曲がっています。近年バイパス道路ができ中川橋から一直線に通過できるようになりましたが、それまでは自動車で通過するのは面倒だったでしょう。

金阿弥橋は欄干がわずかに残ります。昔は用水路をまたいでいました。橋の右の大きな道路が現在の水戸街道・国道6号線です。こ

亀有と新宿の間に架かる中川橋橋詰広場

新宿・金阿弥橋の跡

こには信号があり向こう側に細い道がありますが、これがコース15の成田道です。以前は金阿弥橋からまっすぐ進めましたが今は道はなく、いったん国道6号に出て、左へ曲がります。かなり広い道ですが、元は上下之割《かみしものわり》用水が流れていました。まもなく信号のある三叉路に着きますが、左から合流してくる道が新しいバイパス道です。向こう側に渡り、ほぼ正面左側の路地を入ります。すぐ左に馬頭観音堂⑫があります。ここはかつて馬捨て場でした。

宿場では荷物の運搬に使う馬をいつも用意していますが、病気や事故でしばしば馬は死にます。死んだ馬は革などを利用するのですが、そうした作業をする馬捨て場がどの宿場にもありました。ここはその馬捨て場跡で、きちんと供養をしているところは、ほかにはあまり見ません。

三叉路に戻り、左手コンビニの先、大き

新宿はずれ、一本松の石仏群

な松が見える道に向かいます。一本松の下にはたくさんの石仏が並びます。その前が水戸街道です。石仏たちは先の用水埋め立てや道路拡幅で近くから移されたものです。少し先に行くと浜街道踏切があります。水戸街道は水戸から先、太平洋岸を北上するため浜街道の別名がありました。

荒縄でぐるぐる巻きにされた「しばられ地蔵」

石仏前に戻って右の道に入ります。また別の踏切を越えると亀有警察署脇の国道6号に出ます。「亀有警察署」バス停から「金町《かなまち》駅行き」のバスに乗りましょう。金町駅は南口に着きます（この間の距離2・3キロ）ので、駅を背に左に向かい常磐線のガードをくぐります。

　常磐線ガードを出たら五叉路を右斜めに入り、しばらく進みます。突き当たり三叉路を右で金蓮院《きんれんいん》⑬に出ます。境内に二十六夜待《にじゅうろくやまち》供養の愛染明王《あいぜんみょうおう》像があります。庚申待ちほどではありませんが、江戸時代人気が

くっきりとした金蓮院の愛染明王

あったのが月待ちです。特定の月齢の日に集まってわいわい飲食するものです。二十三夜《にじゅうさんや》、十六夜《じゅうろくや》などいろいろな日がありました。境内には樹齢500年近いラカンマキもあり、江戸時代にすでに有名でした。

　山門左手の児童遊園脇を抜けて大きな車道に出たら右です。東金町四丁目の交差点はまっすぐ進み、突き当たり右に葛西《かさい》神社⓮の大きな社号標がありますのでそちらへ入ります。道の先に大きな鳥居が見えます。

　源頼朝《みなもとのよりとも》の有力御家人だった葛西清重《きよしげ》が、支配していた葛西地域の総鎮守として香取大神を分霊して建てたと言いますので、平安時代末期の創建です。境内奥に1763年（宝暦13年）銘の古い石造鳥居があります。また関東近辺の祭り囃子《ばやし》の発祥地だといい、記念碑が立っています。神田祭などの囃子も、元はこの地の人間が奉仕して

金蓮院のラカンマキ

このコースで歩くルートマップ（その2）

（ は、電車・バスでの移動ルート）

いたのがのちに地元でやるようになり、各地に広まったと言います。

鳥居を出て右に行きます。この道が水戸街道です。右にカーブするところで左折し広い車道に出ます。渡って右です。その先歩道橋の手前で左に半田稲荷⓯があります。

はしかや疱瘡《ほうそう》よけとして人気で、歌舞伎の題材にもなって江戸時代に流行しました。水垢離《みずごり》場が井戸などきちんと保存されていま す。柵の寄進者名には明治期ですが、市川團十郎《いちかわだんじゅうろう》、尾上菊五郎《おのえきくごろう》の名も見えます。社殿に向かって左脇の門から出て右へ行きます。小学校に突き当たるので左角を回り込み突き当たりを左です。先にある中学校の角を右に

葛西神社の鳥居と大イチョウ

入って進むと水元《みずもと》公園⑯のさくら堤に出ます。

堤上を左に行くと松浦《まつうら》の鐘があります。江戸時代に付近の領主だった松浦信正《のぶまさ》が1757年（宝暦7年）に寄進したものですが寺が廃寺になり、その後、村の管理となって戦時供出も免《まぬか》れました。現在鐘楼は修復中です。

鐘楼の先から堤を降りて左に入ります。二つ目の角を右へまっすぐ進むとしばられ地蔵の移南蔵院⑰前に出ます。元は本所《ほんじょ》にありましたが、1933年（昭和8年）に移転しました。しばられ地蔵で有名です。地蔵に願をかける人は荒縄で像を縛り、願が叶うと解きますが、縛りっぱなしも多いためいつも地蔵はぐるぐる巻き状態です。同じようないわれの地蔵が都内にいくつかあります。大岡越前守の名裁きの逸話でも知られます。

山門を出て右の角を入ります。また水元公園に出ます

松浦の鐘

水元公園のさくら堤

ので、堤の上を歩きます。公園は、江戸時代に8代将軍吉宗が命じて古利根川をふさいで造った用水池が中心です。この池が農業用水の水源だったので「水元」の名がつきました。進むと左手に香取神社⑱があります。鎌倉時代の創建といい本殿は江戸末期の建物。社号の扁額は勝《かつ》海《かい》舟《しゅう》の書です。毎年6月の茅《ち》の輪くぐりの神事で有名です。

　神社脇の池は広い小合溜井《こあいためい》と土手で仕切られた内溜という池です。新宿にあった上下之割用水はここから流れていました。堤を渡って左へ行くと、池が終わるあたりに「水元公園」のバス停があります。ここからバスで金町駅に帰ります。

顔までぐるぐる巻きのしばられ地蔵

勝海舟揮毫の香取社の扁額

●周辺のその他の見どころ

金町松戸関跡（葛飾区東金町8－24）

葛西神社近くの旧水戸街道をたどっていくと、葛西神社裏の交差点で江戸川の堤防にぶつかり、江戸時代の道は河川敷の中に消えています。堤防をずっと行くと、左手に都の東金町ポンプ所があり、その手前に関所跡の碑が立っています。実際は河川敷の中です。房総・常磐方面から江戸へ入る重要な関門で番人が常駐していました。金町駅からバス、「東金町天王橋」バス停下車徒歩14分。

金町関所跡の碑

葛西城跡（葛飾区青戸7－28）⑲ 図

関東管領《かんれい》上杉氏が築いたとも言われますが、整備されたのは北条氏時代で、新宿とセットで東への拠点になったと思われます。江戸時代初期には青戸《あおと》御殿として使われましたが、のち廃止されました。図会では「青砥《あおと》左《さ》衛《え》門《もん》尉《のじょう》藤綱《ふじつな》第宅の旧跡」として載っています。青砥藤綱は大岡政談でも有名な、鎌倉時代の御家人です。環七の建設工事の際、城跡が発見され、現在環七の両側に葛西城址公園・御殿山公園として整備されています。亀有駅からバス、「老健青戸こはるびの里」バス停徒歩1分。

葛西城跡の御殿山公園

コース15

成田道

JR亀有駅 ▶ JR小岩駅

「新宿一里塚」BS－京成高砂駅 ……… 1.7キロ
柴又駅－「柴又帝釈天」BS …………… 0.6キロ
「新柴又駅」BS－「江戸川病院」BS …… 4.2キロ

歩行距離／計6.5キロ
所用時間／3時間

成田道は文字通り、江戸から成田山新勝寺《しんしょうじ》にお参りするための道です。公式には佐倉《さくら》街道と呼ばれました。江戸東部は江戸時代になって開発が進んだ新開地のため街道も一定せず、元佐倉道（千葉街道）、行徳《ぎょうとく》道などさまざまな道が時代によって使われました。

このコースで歩くルートマップ（その1）

このコースで歩くルートマップ（その2）

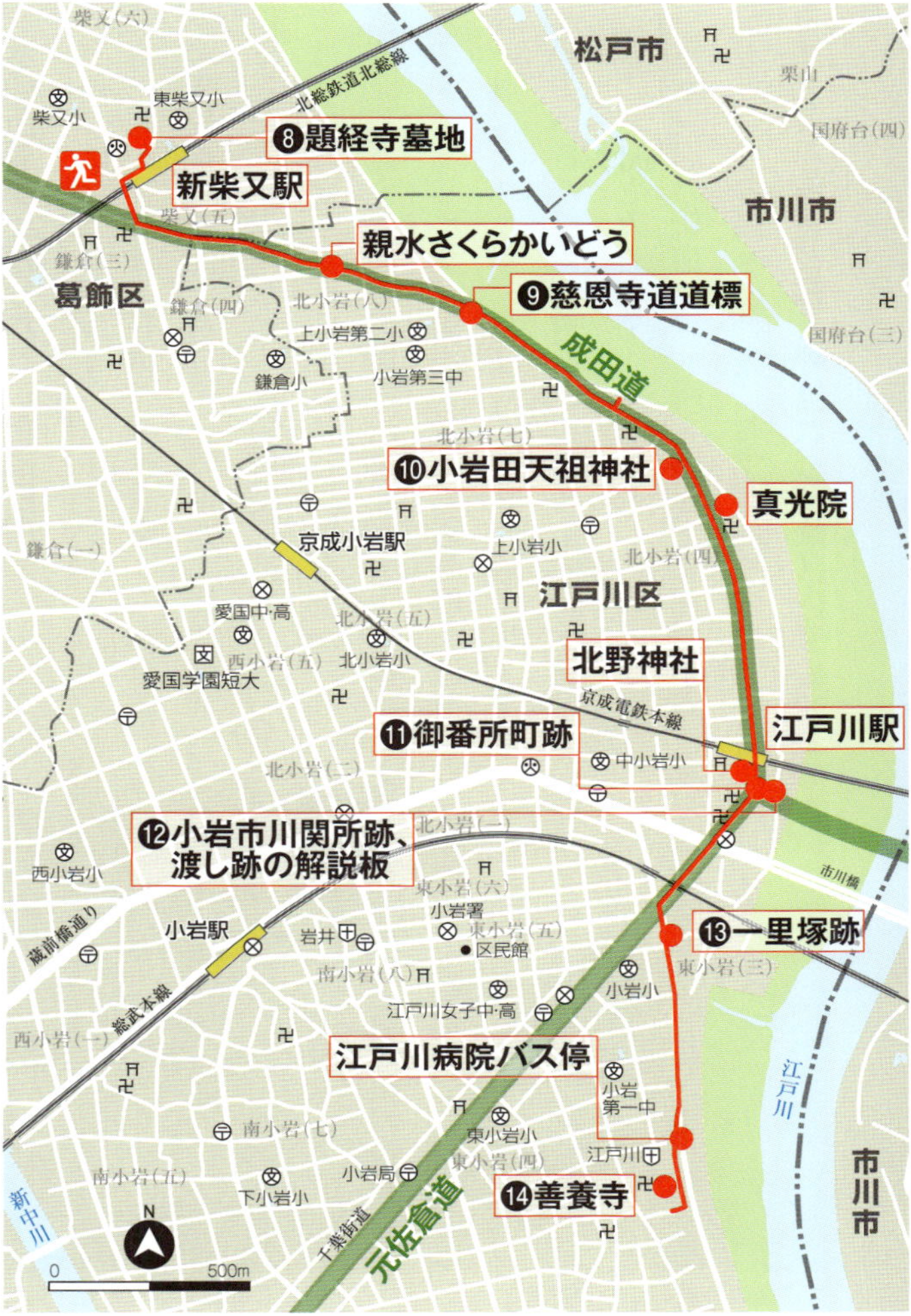

（- - - - - - - - - - は、電車・バスでの移動ルート）

水戸街道から枝分かれした成田道

成田道はコース14の新宿《にいじゅく》から分岐します。新宿に向かうにはJR常磐線亀有《かめあり》駅から「京成小岩駅行き」バスに乗り、「新宿一丁目」バス停下車ですが、本数が少ないので、時間によっては歩いたほうが早いでしょう。亀有駅からは15分ほどです。コース14で紹介した金阿弥《きんあみ》橋からスタートします。中川大橋東の信号❶を渡り、向かい側の細い道に入ります。しばらく地味な道を歩きます。微妙に曲がっているのが古い道を感じさせます。戦前までの地図では周囲にはほとんど何もありません。

下水道局の新宿ポンプ所を過ぎ、駐在所を過ぎるとT字路があり、左の民家の軒先にお堂があります。一番左の石柱が角柱三猿浮彫道標❷と呼ばれ、葛飾区内でもっとも古い道標

ひっそりとした新宿近くの成田道

成田道の分岐点にある道標など

です。1693年（元禄6年）の建立です。

道は左が成田道で、すぐ先で上下《かみしも》之《の》割《わり》用水の流れを橋で渡って、すぐにまた右折していきました。まっすぐ行くと現在の江戸川区など葛西《かさい》の南部地域で、ここはまっすぐ行きます。しばらく進むと踏切手前の三叉路にぶつかりますが、右手を見ると青《せい》龍《りゅう》神社❸という石標が見えます。入ってみると大きな沼があります。すぐ向こうは中川です。こんなに川のそばに沼があるのは不思議です。言い伝えでは中川が決壊した跡、と言いますが旧流路でしょうか。神社の創建等のいわれはわかりませんが、明治期の地図に載っていないので意外と新しいかもしれません。なんとも不思議な場所です。

戻って踏切を渡ります。この線路は常磐線と総武線を結ぶ線路ですが時折貨物列車が通過するだ

大きな沼のほとりにある青龍神社（右手）。向こうは中川の堤防

けです。その先少しずれた十字路を正面の細い道に進み、すぐ右です。京成線のガードをくぐる手前左奥に小さな観蔵寺《かんぞうじ》❹がありますが、柴又《しばまた》七福神の寿《じゅ》老人《ろうじん》がいます。室町時代創建の寺ですが境内はすぐ線路脇です。

ガードをくぐるとすぐ左に高砂《たかさご》天祖神社❺の脇門があります。葛西清重《かさいきよしげ》の創建といい、近在の村の総鎮守でした。今は地名は高砂ですが、実はこの名は明治になって縁起がいいというだけでつけられた何の由来もないもので、本来は曲金《まがりかね》村と言いました。地名を大事にしないのは日本の伝統ですね。

江戸時代半ばまでは隅田川《すみだがわ》の東（正確には古隅田《ふるすみだ》川の東）は下総《しもうさ》国で武蔵国ではありませんでしたが、この神社の1633年（寛永10年）の棟札《むなふだ》にも「下総国葛飾郡」などと書かれています。

すぐ右に線路がある観蔵寺

柴又帝釈天《しばまたたいしゃくてん》が人気のお寺になった理由

表参道から出て、出た道を左に行きます。道なりに行き交通量の多い車道を左に行くと京成高砂駅です。京成金町《かなまち》線に乗って、一つ先の柴又に行きます。帝釈天《たいしゃくてん》側の駅前広場に出ると、渥美清《あつみきよし》さん演じた寅《とら》さんの像が迎えてくれます。広場先の十字路を左折し、帝釈天とは反対側に踏切を渡ります。次の角を右へ行き信号の五叉路右角が柴又八幡❻です。

創建年代は不明ですが非常に古い神社で、社殿は古墳の上に建っています。円部の直径が20メートルから30メートルとかなり大きいもので、前方後円墳ではないか、とも言われています。かつては社殿のうしろに古墳の石室が露出していましたが、戦後に発掘され、さまざまな遺物が発見されまし

柴又駅前の寅さん像はちょっとかっこいい

た。また周囲の堀から近年、帽子をかぶった埴輪《はにわ》が見つかり、「寅さん埴輪」として話題になりました。

石室の跡には現在「島俣塚《しままたづか》」があります。これは奈良東大寺の正倉院文書の中に「嶋俣」の地名が見えることにちなんだ慰霊の塚です。東京23区東部の東京低地には、「島」のつく地名が多いことで知られます。大河川がたびたび洪水を起こす中で、人々は自然堤防と言われる微高地に住んでおり、これが海の中の島のように見えたからだと言います。牛島《うしじま》・向島《むこうじま》・柳島《やなぎしま》・大島《おおじま》などたくさんあります。帝釈天の場所も高くなっており、どんな洪水でも浸水しないそうです。

柴又八幡の社殿裏の島俣塚

神社を出て左、踏切を越えて柴又帝釈天前の信号を渡ると左手に真勝院《しんしょういん》❼があります。平安時代初期の創建と伝わる古寺です。境内に1660年（万治3年）建立の見事な石造五智如来《ごちにょらい》像5体があります。造立者の一人はなんと相模《さがみ》国の人です。また柴又七福神の弁財天があります。

真勝院を出て、左手の信号交差点を入るとすぐに帝釈天山門です。正面参道は混雑していますが、こちらの道はすいています。柴又帝釈天は正式には経栄山題経寺《きょうえいざんだいきょうじ》という日蓮宗の寺院です。江戸時代初期の創建ですが、人気が出るのは江戸時代も後期です。

寺には日蓮が刻んだ帝釈天の板《いた》本尊があったのですが、いつしか行方不明になっていました。それを1779年（安永8年）に当時の住職が「発見」し、話題になります。さらに住職はこの板本尊を背負って江戸市中に出かけ、天明の飢饉に苦しむ人たちに霊験《れいげん》を説き、以後大人気となります。いつの時代も地道なPR

真勝院の美しい五智如来像

活動が大事ですね。

山門は二天門といい、1896年（明治29年）建立の立派な楼門です。板本尊を祭るのは帝釈堂で1915年（大正4年）の完成。建物の壁面に、これでもかというほど細密な木彫が張り巡らされています。この彫刻は風雨にさらされないようにガラスで囲まれており、間近に見ることができます。都内では珍しい有料拝観になっていますが、これまた見事な庭園と客殿の拝観とセットで400円なので（本書刊行時）、損はないと思います。境内にはほかにもさまざまな

帝釈天題経寺の二天門

帝釈天題経寺の庭園。散策できる

帝釈堂の精緻な木彫

見どころがありますが、特に１８４５年（弘化2年）に建てられた帝釈天出現由来碑は貴重です。

今度は参道を通って駅に向かいましょう。「寅さん」シリーズでも出てきたお店が並んでいます。駅までは行かず、手前の車道を右に行くと「柴又帝釈天」バス停があるので、「小岩行き」バスに乗り、「新柴又駅」バス停で降ります（この間の距離０・７キロ）。

江戸時代の道筋そのままの成田道

下車したら、駅前広場脇のコンビニがある道に入り、十字路を越えてすぐ左に題経寺の墓地❽があり、その入口近くに「浅間山噴火川流溺死者供養碑」があります。１７８３年（天明3年）に起きた浅間山の噴火では、噴出物でできた天然ダムが決壊し、下流に大土石流が発生、１０００人規模の死者が出ま

天明の浅間山噴火犠牲者の供養碑

した。驚くことにこのあたりまで死体が流れ着きました。

新柴又駅に戻り、駅前広場からバス通りを左に出てガードをくぐり、次の交差点の左右が成田道です。そこを左へ行きます。ずっと道なりに15分ほど歩きます。途中江戸川区に入ると「親水さくらかいどう」という、脇を水が流れる歩道になり気持ちがいいです。サクラの木が植えられ、桜と佐倉を掛けています。

江戸川の堤防が見えてくると大きな水神碑がありま す。その右手に小公園があり、上小岩《かみこいわ》親水緑道というまた別の遊歩道が始まります。一角にお堂があり、その一番右の地蔵像が、江戸川区でもっとも古い1713年（正徳3年）銘の道標です。ここで堤防沿いに行く道が分かれ、さいたま市の慈恩寺《じおんじ》まで続いていたの

慈恩寺道の道標

親水さくらかいどう（左）。右は江戸川の堤防

で慈恩寺道道標❾といいます。

脇にある水の噴き出しは、江戸川から堤防下をくぐって水を取り入れたもので、工事の中心人物の名を取って善兵衛樋《ぜんべえひ》といいます。1878年（明治11年）の完成です。このあたりの平坦地すべてに言えますが、大きな川が近くにあっても用水路がなければ使うことができません。あたりが水田地帯となるのは用水路造りが可能になる江戸時代以降で、それ以降切り開かれた○○新田《しんでん》という土地があちこちにあります。

河川改修でやや場所は動いていますが、ここからしばらく成田道は江戸川に沿って進みます。堤防上の道に入り、二叉の分かれ道は左を行って堤防を降ります。そのまま進んで右側の正真寺墓地を過ぎ、次の二叉で右に入ります。すぐ右に小岩田天祖神社❿、続いて左に真光院があります。

このあたりからの道は江戸時代の成田道

江戸川の水を導く善兵衛樋

と一致しています。昔はもっと遠くに堤防がありました。進んで行くと少し商店街風になり、京成の江戸川駅です。そのほんの少し手前、寿司屋の脇に古い道標があります。

伊予田《いよだ》の観世音道道標と言いますが、ここから浅草の観音様への道を示しています。駅を過ぎると右に北野神社があり、続いて左角の民家の塀前に御番所町跡⓫の解説板があります。

ちょうどこの三叉路が、成田道＝佐倉道と、元佐倉道＝千葉街道が合流し、江戸川を渡って市川の関に通じる場所でした。江戸時代は金町の関と並んで、房総方面との交通の2大重要ポイントです。案内板の向かいにも道標があり、解説板が立っています。さらに堤防側に進んで登ると、上には小岩市川関所跡、渡し跡⓬の解説板があります。御番所町とは、関所の番所のことです。江戸川の向こ

江戸川堤防上の小岩市川関所跡、渡し跡の解説板

う岸、左手の台地が下総国府などがあった国府台《こうのだい》で、北条《ほうじょう》氏と里見《さとみ》氏の決戦もここで行なわれました。

御番所町の解説板のところに戻ります。ここからはほぼ一直線に、元佐倉道が江戸川区役所の先あたりまで続いていますが、それは江戸時代から同じです。徳川氏が来てから、原野に一直線に道が造られたのです。

元佐倉道は最初は細い道ですが、江戸川交差点を過ぎると広い道になります。左手ではスーパー堤防工事中です。総武線の高架をくぐり、出たところで篠崎街道と交差するので左へ行きます。すると左側に一里塚跡の小公園⑬があります。実際はもう少し手前の元佐倉道沿いにありました。

篠崎街道を南に進んで行くと堤防上の道になります。右手に江戸川病院が見えてきたら堤防を降り、病院と堤防の間を進みま

元佐倉道にあった一里塚を偲ぶ小公園

す。次の角を右に曲がると善養寺《ぜんようじ》⓮です。

山門を入るとすぐに国の天然記念物、影向《ようごう》のマツがあります。実に樹齢600年と言い、高さは8メートルほどしかありませんが、ほぼ30メートル四方に枝を這わせており日本最大と言います。木の周りにはデッキが作られ、近くまで寄って見ることができます。また山門を入って左手に小山があるので、上から見ると壮観です。寺は500年近く前の創建という古寺で、こちらにも浅間山噴火横死者供養碑がありま
す。目の前の江戸川に多数の死者や馬などが流れ着きました。

来た道を少し戻り、堤防上の道路に「江戸川病院」バス停があります。JR小岩駅まで乗って帰りましょう。

思わず声を上げてしまうほどの影向のマツの枝振り

コース16

元《もと》行《ぎよう》徳《とく》道・市川道

東京メトロ東西線・葛西駅 ▶ 都営新宿線・瑞江駅

歩行距離／計6.8キロ
所用時間／3時間

元行徳《もとぎようとく》道は新川《しんかわ》河岸道ともいい、船番所のあった中川口から行徳まで開かれた水路である新川沿いに通っていました。のちに行徳道は平井の渡しからほぼ一直線に今井の渡しまで続くルートに変わり、新川沿いの道は「元」行徳道と呼ばれるようになります。市川道は今は篠崎《しのざき》街道と呼ばれる道筋で、江戸時代初期に造られた旧江戸川の堤防上を走る道です。北側では岩槻《いわつき》道などとも言います。

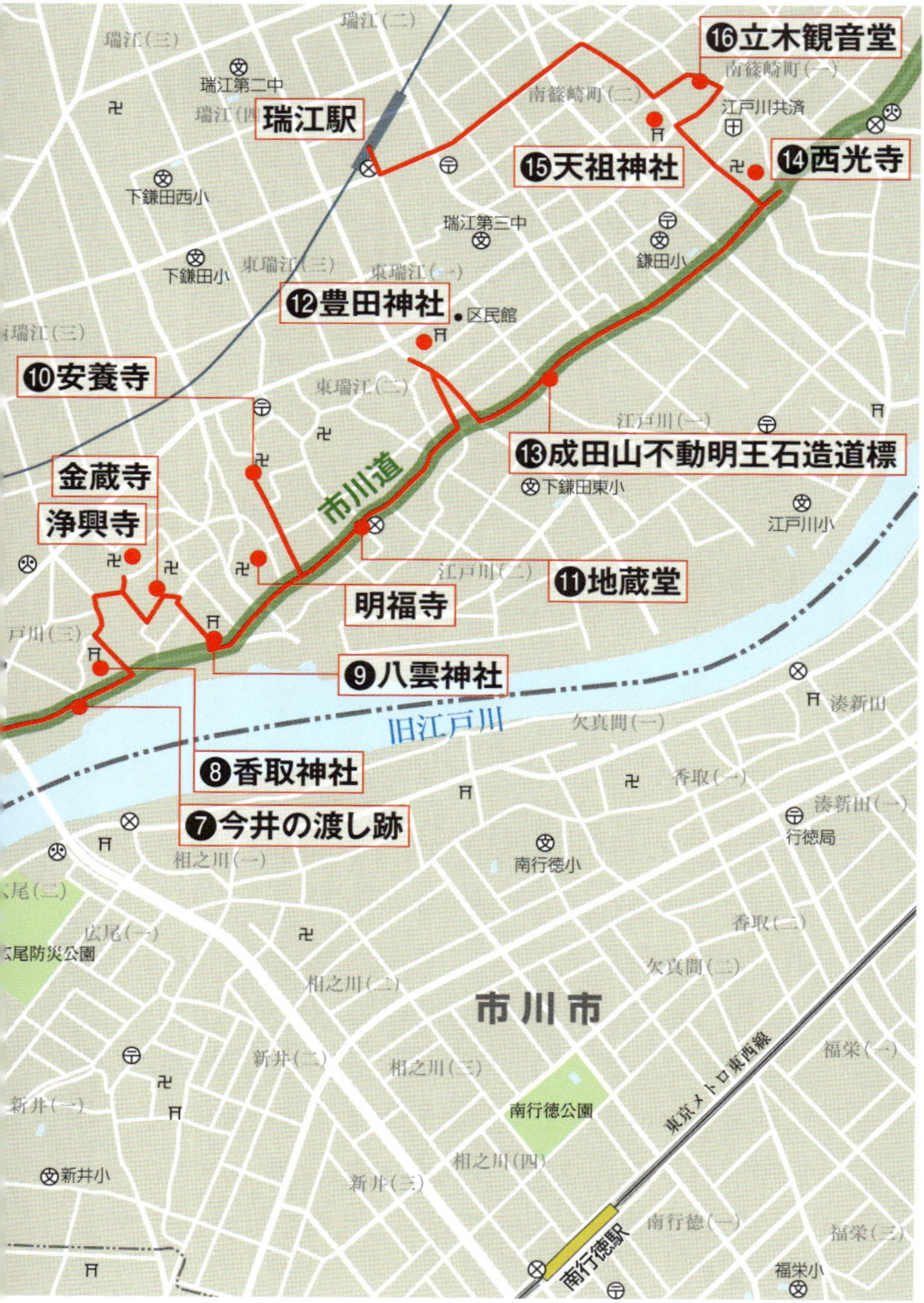
瑞江駅
⑩安養寺
⑫豊田神社
金蔵寺
浄興寺
明福寺
⑪地蔵堂
⑨八雲神社
⑧香取神社
⑦今井の渡し跡
⑬成田山不動明王石造道標
⑭西光寺
⑮天祖神社
⑯立木観音堂
市川道
旧江戸川
市川市
瑞江(二)
瑞江(三)
瑞江第二中
下鎌田西小
下鎌田小
東瑞江(三)
東瑞江(一)
東瑞江(二)
瑞江第三中
区民館
鎌田小
南篠崎町(二)
南篠崎町(一)
江戸川共済
江戸川(一)
江戸川(二)
江戸川(三)
下鎌田東小
江戸川小
湊新田
欠真間(一)
香取(一)
湊新田(一)
行徳局
南行徳小
相之川(一)
広尾(一)
広尾防災公園
相之川(二)
香取(二)
欠真間(二)
新井(二)
相之川(三)
福栄(一)
新井(一)
南行徳公園
東京メトロ東西線
新井小
相之川(四)
新井(三)
南行徳(一)
福栄(三)
南行徳駅
福栄小

このコースで歩くルートマップ

行徳《ぎょうとく》の塩を江戸に送るために開削された新川

行徳《ぎょうとく》道などのルートは、現在の千葉方面とを結び、物産を運んだり、江戸からは成田山詣《もうで》などをする道でしたが、さらに利根川を使った東北地方や関東地方内陸部からの物資が行き交《か》う水路の端で、重要な道でした。

葛西駅から「錦糸町《きんしちょう》駅行き」バスに乗り、「新川橋《しんかわばし》」バス停で降ります（この間の距離1・3キロ）。バス停から少し離れているので北に向かって橋❶まで行きます。新川は徳川家康《とくがわいえやす》が江戸に入ってすぐに開削工事を始めた水路で、行徳の塩を江戸に送るのが目的でした。新川橋から先、これから歩く古川《ふるかわ》沿いは自然の川で蛇行していたため、幕府開設後、さらにここから江戸川まで一直線に水路を開きました。それが新川です。利根川の河口が銚子《ちょうし》に移されると、東北からの物資は

新川沿いには1000本もの桜が植えられ、イベント時には和船も出る

利根川、江戸川を経てこの新川を通って江戸に運ばれ、経済の動脈として周辺は賑わいます。

新川橋で新川を渡り、右斜めの道へ入るとすぐに古川親水公園❷が右手にあります。古川は元は船堀《ふなぼり》川といいましたが、南に人工の水路である新川が開かれたのに対し、古川と呼ばれるようになりました。

新川ができてからも江戸時代は水運に利用されましたが、その後水運は衰え、戦後はどぶ川状態でした。そこで川全体を公園化して作り替え、1973年（昭和48年）に日本初の親水公園となりました。全長1・2キロもあり、水は江戸川の水を浄化して流していて、湧水風の施設があり、桜なども植えられ、たいへんいい雰囲気です。

親水公園に入ってまもなく、左手に小さな水神の社があります。進んで川筋が曲がるところに、今度は妙光寺《みょうこうじ》の赤い山門です。い

旧古川沿いは親水公園として整備され、気持ちが良い

ずれも川に向いています。妙光寺は室町時代の創建で、海中から引き上げられた像を祭る七面堂があります。

しばらく公園沿いに進み、突き当たる環七は歩道橋で越えます。親水公園は歩道橋を降りた先に続いています。二之江《にのえ》小学校を過ぎると二之江神社❸です。以前は香取《かとり》神社と言いましたが、次に行く妙勝寺《みょうしょうじ》にあった八幡神社を合祀し、今の名になりました。境内には樹齢500年という樹高20メートルものケヤキの木があります。

二之江神社と古川を挟んでほぼ向かい合わせに図妙勝寺があります。なんと鎌倉時代の創建という古寺で、平家の末裔の僧が開いたと言います。さらにその先、子どもの疳《かん》の虫封じのお不動様で知られる蓮華寺《れんげじ》も室町時代の創建です。このように古くからの寺があるということは、この川沿いが江戸時代以前から栄えていたことを物語

二之江神社の大ケヤキと親水公園の噴水

ります。

しばらく行くと親水公園の中に「二之江の行徳道石造道標」❹という解説板があり、前に大きな丸い石があります。表面に大きく「行徳道」と書かれ、以前はもう少し東にあり、道標の役割を果たしていました。

水路が途切れた右角には大きな旧家があり、立派な門❺があります。かつては茅葺《かやぶ》きでしたが近年瓦《かわら》に替えられてしまいました。江戸時代後期に建てられた長屋門です。門のある宇田川《うだがわ》家は代々二之江村の村役人を務めており、先祖の宇田川喜兵衛《きへえ》はこの西にある宇田川新田を江戸時代初期に開拓しました。今も宇喜田《うきた》町や宇喜田公園に名が残っています。

宇田川家向かい側の西光寺《さいこうじ》、その先の真福寺《しんぷくじ》も室町時代にできました。あたりの古川は埋められてしまいましたが、かつて江戸川との合流部にあった橋のたもとの道標が、近くの釣り船店の前に残っています。

行徳道の道標だった石

旧江戸川に出たら、少し右に行きます。まもなく右手に熊野神社❻があります。江戸時代中頃の創建で、江戸川を行き来する人たちの信仰を集めました。親しみを込めて「おくまん様」と呼ばれ、社前の旧江戸川は深い淵で「おくまんだし」と言われました。

「おくまんだし」の水はよく澄んでいて、深川《ふかがわ》あたりの人の飲み水としてはもちろん、醬油造りや、将軍の茶の湯にも使われたといいます。目前の流れや対岸の工場群を見ると信じられませんが、境内には芭蕉《ばしょう》の句と言われる「茶水汲む　おくまんだしや　松の花」という句碑が昭和になって立てられました。

親鸞《しんらん》が立ち寄り、雨乞いをした寺

戻って江戸川沿いを左に行き、新中川河口の瑞穂《みずほ》大橋を渡ります。新中川は太平洋戦争開戦の1941年（昭和16年）から開削工事が始まりましたが、戦争で中断され、1963年（昭和38年）に完成しました。江戸時代はここは地続きでした。

右側の今井児童交通公園を見て進むと新大橋通りの高架道にぶつかります。直進すると篠崎街道・市川道で、右は旧江戸川を渡る今井橋で対岸は千葉県市川市です。この橋は1979年（昭和54年）完成で、それ以前はやや上流にあり、明治末年まではその場所に渡し船がありました。これは平井から一直線に続く行徳道の渡しです。江戸名所図会に挿絵が載っています。篠崎街道に入り、渡し跡❼近くの道端に解説板が立っています。

篠崎街道・市川道を進むと左に香取《かとり》神社❽があります。室町時代末期の創建で、境内には昭和初期に造られた富士塚があります。神社先の左の路地へ入ります。三叉路を右、右、右と進むと、最後に左側に図浄興寺《じょうこうじ》の山門が見えます。鎌倉時代に起源を持つ古寺で、北条氏康《ほうじょううじやす》

今井の渡し跡の解説板。渡しはなくなったが、今も屋形船などが発着する

香取神社の富士塚

も訪れたとの記録があります。江戸時代は寺子屋に熱心で、教え子たちが住職に贈った筆子塚がいくつも残ります。付近は幕府にも献上されたという新川梨という梨の名産地で、江戸末期に建てられた梨栽培の記念碑があります。

先ほどの三叉路を、入ってきたのと逆の右に行くと、左側に室町時代初期にできた金蔵寺《きんぞうじ》への脇門があります。境内を抜けて正面の道から市川道に戻ると、すぐ左に八《や》雲《くも》神社❾があります。今も7月の大祭で笹だんご行事が行なわれています。

その先、市川道は三叉路を左に入っていきます。鎌田川《かまたがわ》親水緑道を越えるとすぐ左が明福寺《めいふくじ》です。この地にはかつて親鸞《しんらん》が立ち寄り、雨乞いをして日照りから救いました。親鸞が自ら刻んだという親鸞像のある親鸞堂や、姿を映したという池、袈《け》裟《さ》掛けの松などがあります。

今は絶えてしまった新川梨の碑

明福寺を出て、二つ目の路地を左にまっすぐ進むと一番奥が安養寺《あんようじ》⑩です。江戸時代から眼病などに悩む人が祈る閻魔像が有名です。市川道に戻ってすぐの旧家前には道祖神のお堂があります。地元では「どうろくじん」と呼ばれ、素朴な道中安全、悪霊払いの神です。

向かいのバス停は「鎌田宿」。江戸時代に宿場があったわけではなく、ここの字《あざ》名が「宿」なのですが、鎌田村の中心地で、江戸以前からの古い歴史があるだけに、かつては旅人が泊まる場所だったのでしょう。さらに少し先の交番手前には地蔵堂⑪があり、前に庚申塔が並んでいます。堂内の右に、34体もの観音像が浮き彫りで刻まれた珍しい庚申塔があります。

少し進んで次の信号一つ手前の路地を左に行きます。宿川《しゅくがわ》親水緑道

安養寺の閻魔像

鎌田の地蔵堂の観音庚申塔（右）

の反対側です。広い車道に出た先に、大きなケヤキの木がある豊田神社⓬が見えます。ここにも大正に造られた富士塚があります。この一帯、実は富士塚の宝庫です。

市川道に戻り、ＪＡ東京スマイルの鎌田支店前まで進みます。ほぼ元の場所に、丈夫な鉄骨に守られて、成田山不動明王石造道標⓭が立っています。市川道は、元行徳道を通じて、江戸の市民が成田山の不動明王にお参りする道筋でした。江戸末期１８２６年（文政９年）の建立です。

豊田神社と大ケヤキ

豊田の富士塚

成田山不動明王石造道標

ここから先しばらく歩いて、東《ひがし》井《い》堀《ぼり》親水緑道を越えた左に西光《さいこう》寺《じ》⓮があります。こちらも室町時代創建です。立派な本堂の右側に、ガラスケースに入って線刻の地蔵菩薩像があります。江戸時代中頃の優美な作品です。

先ほどの緑道に戻り、右に進んで行きます。少し先の左手に天祖神社⓯があります。ここにも富士塚があります。神社前の十字路を右に行き、次の十字路を左に行くと、左手に大きな立《たち》木《き》観音堂⓰があります。ここにはかつて旧家の屋敷林があり、お堂の中の観音像はその中の樹齢５００年とも言うケヤキに立木のまま像を刻みまし

西光寺本堂。右側のガラスケースに線刻地蔵菩薩像がある

た。明治から作り始め、昭和初期にできあがったそうです。おもしろいことに、お堂はパン屋併設です。

東井堀親水緑道に戻り、右へ進んでゴルフ練習場の角を左にいくとしばらくして都営新宿線・瑞江《みずえ》駅です。

立木に刻まれた観音像。根も残っている

●周辺のその他の見どころ

一之江名主屋敷（江戸川区春江町2-21-20）

江戸初期に一帯の新田開発を行ない、代々名主を務めた田島《たじま》家の居宅。1770年代頃の建築で、江戸時代に増築しています。ここが貴重なのは、建物の保存だけでなく、敷地がすべて一体として保存整備してある点です。外周に堀があるなど中世の土豪の色を残しています。維持協力費100円。都営新宿線・瑞江駅などからバス、「名主屋敷」バス停すぐ。

江戸時代の姿で整備された一之江名主屋敷

コラム

江戸・東京周辺の農業用水

戦後になって都市化が進むまで、東京郊外は田や畑だった場所がほとんどですが、それは、ある時期に一気に増えたものです。それは江戸時代の初期のことで、この時期、全国でも米の生産量は三倍になりました。

多くの人が平らな土地は農業に適していると思いがちですが、平らなだけでは農地にはできません。農地、特に田を作るには水が一番大事です。また東京の低地などは水に恵まれているように思えますが、排水がきかず、人が住めない湿地は田も作れません。自然の

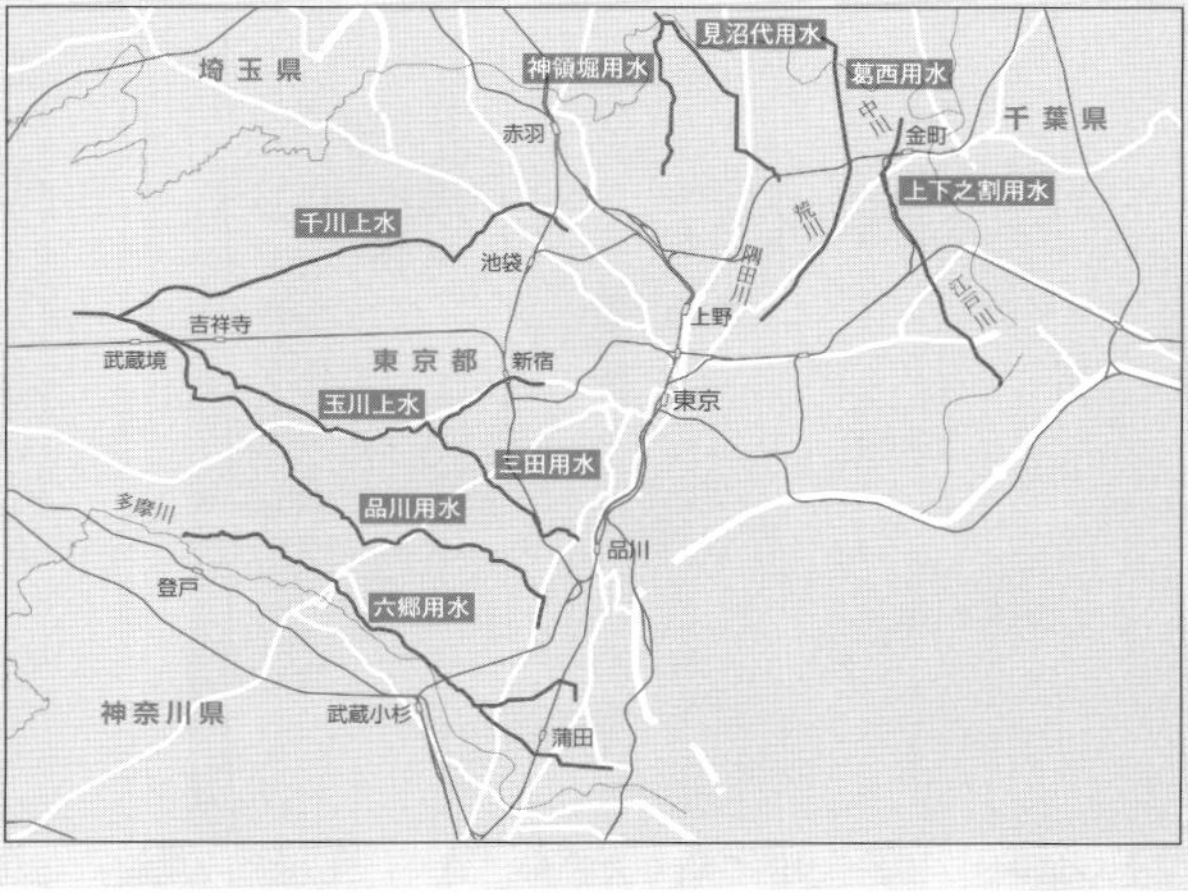

ままの状態では、低地でも水が使えるのは限られた場所でした。

徳川家康は江戸に入って、利根川や荒川の付け替え工事を始めます。それによって低湿地を農地に変えようとしたのです。さらに多くの農業用水路を造り、多摩川や利根川の水を利用して、多くの新田《しんでん》を生み出そうとしました。

地図に出ている用水は主な幹線だけで、実際には数え切れないほどの水路が網の目のように江戸を取り囲んでいたのです。

多くの新田開発は請負《うけおい》制で、武田や北条など、徳川家に制圧された大名の家臣らが携わる場合も多々ありました。失業対策でもあったのです。この結果、江戸周辺でも、数万石、あるいは10万石単位の収穫増となりました。こうして生産量が飛躍的に増えた米などの農産物が江戸の暮らしを支え、全国の生産力を上げたのです。

戦国の世が終わって、大名や武士はもう領地は増やせなくなりました。しかしその平和の配当で造られた用水や新田のおかげで、以前の何倍もの領地を獲得したのと同じ結果となりました。

あとがき

私はつねづね、住んでいる場所の歴史を知ることは、住んでいる場所への愛着を生み、ひいては住んでいる場所をよりよくしようという気持ちを高める、と言っています。そうした意味で、多くの東京都民が住む江戸周辺の紹介は、ふだんあまり光が当てられていないだけに、意味のあることではないか、と自負しています。

世田谷区の歴史、足立区の歴史、江戸川区の歴史、などというものはあまり目にしません。だからといって、それらの地域が東京近郊の大住宅地になる前は何もなかった、というわけではないのです。

なんとなく都市化以前の東京郊外は、一様に田畑が広がっていたようなイメージがあるかもしれません。というより、そんなことも考えたことがない人がほとんどでしょう。しかしこの本でその一端を紹介したように、各街道にはそれぞれ役割があり、街道沿いのそれぞれの地域は、その土地の特色に基づいた産業が発達していました。

大森《おおもり》の海苔《のり》や中野の製粉業などは代表的なものですが、江戸に近い地の利を生かして、さまざまな産業が展開されていました。ですから江戸の周辺はただの農村ではなく、それこそ明治以降につながる工業地帯的な顔も持っていたようです。また江戸の大名屋敷や商家で働く人間も多く、今のような郊外から「通勤」的な姿もありました。江戸と東京はその構造だけでなく、内部での活動でも連続性があるわけです。

そして郊外は豊かでした。本文中で、大名屋敷に匹敵するような大きな農家の門をいくつも紹介しました。時代を経てもこれだけ残っているということは、かつてはもっと多かったのでしょう。古くからの歴史を持つ寺社の立派な建物の多さ、街道沿いなどに数限りなくある庚申塔などの石像物の多さにも驚きます。東京近辺では石材になるいい石は貴重です。江戸の郊外の財力に気づかされます。

この本を使って歩いていただくと、そのようなダイナミックな江戸の近郊の姿がわかってくると思います。

しかし正直に白状すると、この本では不十分な点も多々あります。実は本書の取材段階では、実際に取り上げた数の倍の32コースを設定していました。これはとても1冊の本では紹介しきれないと、主要な街道に限ってご紹介しました。

有名寺社や、どうしても紹介したい場所は「周辺のその他の見どころ」で押さえましたので、ガイドブックとして穴があるわけではないのですが、あまり知られていない、地味な街道ルートなどは、ご紹介できず残念です。

もし本書が好評であれば、今回落としたルートで、すぐにも続編をお届けできます。読者の皆様のご声援をよろしくお願いします。

掲載史跡・社寺一覧

■浄興寺（竜亀山浄興寺）……江戸川区江戸川3-22-5
■金蔵寺……江戸川区江戸川3-23-4
■八雲神社……江戸川区江戸川3-24-9
■明福寺……江戸川区江戸川3-8-1
■安養寺……江戸川区東瑞江2-50-2
■道祖神……江戸川区東瑞江2-45
■地蔵堂の庚申塔……江戸川区東瑞江2-39
■豊田神社……江戸川区東瑞江1-18-1
■成田山不動明王石造道標……江戸川区江戸川1-48
■西光寺……江戸川区南篠崎町1-1-24
■天祖神社……江戸川区南篠崎町2-54-15
■立木観音堂……江戸川区南篠崎町1-4-17

■南蔵院……葛飾区東水元2-28-25
■香取神社……葛飾区東水元2-41-2

■コース15

■角柱三猿浮彫道標……葛飾区高砂6-13-21
■青龍神社……葛飾区高砂6-1
■観蔵寺……葛飾区高砂5-5-2
■高砂天祖神社……葛飾区高砂2-13-13
■柴又八幡……葛飾区柴又3-30-24
■真勝院……葛飾区柴又7-5-28
■題経寺（柴又帝釈天）（帝釈天王）……葛飾区柴又7-10-3
■題経寺墓地……葛飾区柴又5-9-22
■善兵衛樋・慈恩寺道道標……江戸川区北小岩8-29
■小岩田天祖神社……江戸川区北小岩7-28-19
■真光院……江戸川区北小岩4-41-6
■観世音道道標……江戸川区北小岩4-37-2
■北野神社……江戸川区北小岩3-23-3
■御番所町跡……江戸川区北小岩3-24-9
■一里塚跡……江戸川区東小岩3-23
■善養寺……江戸川区東小岩2-24-2

■コース16

■新川橋……江戸川区中葛西1-49と江戸川6-27の間
■水神宮……江戸川区江戸川6-29-4
■妙光寺……江戸川区江戸川6-16-5
■二之江神社……江戸川区江戸川6-44-1
■妙勝寺（本覚山妙勝寺）……江戸川区江戸川6-7-15
■二之江の行徳道道標……江戸川区江戸川6-2
■宇田川家長屋門……江戸川区江戸川5-4-1
■西光寺……江戸川区江戸川4-24-8
■真福寺……江戸川区江戸川4-23-8
■熊野神社……江戸川区江戸川5-7-6
■今井の渡し跡……江戸川区江戸川3-45
■香取神社……江戸川区江戸川3-44-8

■炎天寺（八幡宮）……足立区六月3-13-20
■西光院……足立区竹の塚1-3-16
■常楽寺……足立区竹の塚1-10-16
■万福寺……足立区竹の塚1-1-15
■増田橋……足立区竹の塚3-4-14
■十三仏堂……足立区竹の塚5-34-14
■保木間氷川神社・宝積院……足立区西保木間1-11
■大乗院……足立区西保木間2-14-5
■花畑浅間神社・富士塚……足立区花畑5-10
■大鷲神社（正一位鷲大明神社）……足立区花畑7-15-1
■正覚院……足立区花畑3-24-27

■コース14

■小菅御殿石灯籠・東京拘置所……葛飾区小菅1-35-1
■小菅稲荷……葛飾区小菅1-28-11
■小菅銭座橋跡（西小菅小学校）……葛飾区小菅1-25-1
■水戸橋……葛飾区小菅1-19と3-3の間
■古隅田川跡……葛飾区小菅3-4
■養福寺……足立区綾瀬2-19-13
■北野神社……足立区綾瀬2-23-14
■一里塚跡……葛飾区亀有1-28
■亀有上宿跡碑……葛飾区亀有3-13
■恵明寺……葛飾区亀有3-32-25
■香取神社……葛飾区亀有3-42-24
■水神社跡……葛飾区亀有3-54
■中川橋橋詰め広場……葛飾区新宿2-10
■新宿日枝神社……葛飾区新宿2-17-17
■金阿弥橋跡……葛飾区新宿2-20-13
■馬捨て場跡（馬頭観音堂）……葛飾区新宿2-24
■一本松……葛飾区新宿4-7
■金蓮院……葛飾区東金町3-23-13
■葛西神社……葛飾区東金町6-10-5
■半田稲荷……葛飾区東金町4-28-22
■松浦の鐘……葛飾区東金町5-5

掲載史跡・社寺一覧

■コース1

■磐井神社（鈴森八幡宮）……大田区大森北2-20-8
■笠島弁財天（笠島）……大田区同上
■美原通り（旧東海道）……大田区大森本町・大森東
■美原不動尊……大田区大森本町2-1-8
■大森神社……大田区大森北6-32-12
■海難供養塔……大田区大森東1-27-5
■大森海苔のふるさと館……大田区平和の森公園2-2
■羽田道するがや通り）……大田区大森東2-2
■東海道一本灯籠台石……大田区大森西5-2-13
■聖蹟蒲田梅屋敷公園（蒲田の梅）……大田区蒲田3-25-6
■椿神社……大田区蒲田2-20-11
■円頓寺（性光山円頓寺）……大田区蒲田2-19-15
■薭田神社……大田区蒲田3-2-10
■妙安寺（行方山）……大田区蒲田4-18-15
■蒲田八幡神社（蒲田八幡宮）……大田区蒲田4-18-18
■六郷神社
（六郷八幡宮、行方弾正忠明連の宅地）……大田区東六郷3-10-18
■六郷橋（六郷の渡し）……大田区東六郷
■宮本台緑地……大田区仲六郷4-30
■北野天神……大田区仲六郷4-29

■コース2

■庚申堂……品川区大井1-44-5
■三ツ叉身代地蔵尊……品川区大井1-55-7
■作守稲荷……品川区大井4-12-14
■西光寺（松栄山西光寺）……品川区大井4-22-16
■光福寺・大井の井（大井山弘福寺）……品川区大井6-9-17
■大井の水神社……品川区南大井5-14-9
■来迎院……品川区大井6-18-8
■鹿嶋神社（鹿島大明神社）……品川区大井6-18-36
■大森貝塚（大森貝塚遺跡庭園）……品川区大井6-21
■円能寺……大田区山王1-6-30
■日枝神社……大田区山王1-6-2

- 中世鎌倉街道跡……大田区山王1-6
- 天祖神社（鎧懸け松）……大田区山王2-8-1
- 新井宿薬師堂（医福山桃雲寺）……大田区山王3-29-8
- 善慶寺……大田区山王3-22-16
- 熊野神社……大田区山王3-43-11
- 春日神社……大田区中央1-14-1
- 出土橋跡、いにしへの東海道碑……大田区中央4-20、31
- 池上本門寺（長栄山本門寺）……大田区池上1-1-1
- 永寿院・芳心院墓所……大田区池上1-19-10
- 新田義興灰塚……大田区千鳥3-11-16
- 光明寺（大金山光明寺、光明寺の池）……大田区鵜の木1-23-10
- 藤森稲荷……大田区南久が原2-30
- 鵜ノ木八幡……大田区南久が原2-24
- 白山神社……大田区東嶺町31-17
- 観蔵院（鳳来寺峯の薬師）……大田区西嶺町22-19
- 六郷用水跡……大田区田園調布南24-4
- 密蔵院……大田区田園調布南24-18

■コース3

- 子別れ地蔵……品川区西五反田6-22-3
- 旧中原街道供養塔群1……品川区荏原1-15-10
- 旧中原街道供養塔群2……品川区荏原2-9-19
- 平塚の碑……品川区荏原4-6-4
- 旗の台一丁目石造庚申塔……品川区旗の台1-1-22
- 高札場跡・木霊稲荷……品川区旗の台1-2-24
- 旗岡八幡（中延八幡宮）……品川区旗の台3-6-12
- 洗足池（千束の池）……大田区南千束2-33
- 妙福寺……大田区南千束2-2-7
- 勝海舟夫妻墓所……大田区南千束2-14-5
- 西郷隆盛留魂碑……大田区南千束2-14-5
- 千束八幡……大田区南千束2-23-10
- 中原街道改修記念碑……大田区南千束2-14-5
- 鵜の木大塚古墳……大田区雪谷大塚町14-13
- 御嶽神社……大田区北嶺町37-20

■本覚寺……大田区北嶺町34-3
■桜坂……大田区田園調布本町19
■東光院……大田区田園調布本町35-8
■丸子の渡し跡（丸子渡し口）……大田区田園調布本町31先

■コース4

■道玄坂供養碑……渋谷区道玄坂2-10
■大坂……目黒区青葉台4
■上目黒氷川神社（氷川明神祠3-217）……目黒区大橋2-16-21
■池尻稲荷……世田谷区池尻2-34-15
■三軒茶屋大山道道標……世田谷区三軒茶屋2-13
■宗圓寺（八幡山宗円禅寺3-228）……世田谷区上馬3-6-8
■真福寺……世田谷区用賀4-14-4
■無量寺……世田谷区用賀4-20-1
■慈眼寺……世田谷区瀬田4-10-3
■瀬田玉川神社……世田谷区瀬田4-1-31
■玉川大師（玉真密院）……世田谷区瀬田4-13-3
■行善寺……世田谷区瀬田1-12-23
■大山道道標……世田谷区玉川2-14

■コース5

■道玄坂地蔵……渋谷区円山町6-1
■弘法の湯跡……渋谷区円山町23-4
■松見坂地蔵尊……目黒区大橋2-1
■東大駒場キャンパス（駒場野）……目黒区駒場3-8-1
■土器塚遺跡（土器塚）……目黒区大橋2-19-38
■北沢八幡……世田谷区代沢3-25-3
■森厳寺（北沢淡島明神社）……世田谷区代沢3-27-1
■円泉寺……世田谷区太子堂3-30-8
■世田谷城阯公園（吉良氏古城の跡）……世田谷区豪徳寺2-14-1
■豪徳寺（大渓山豪徳禅寺）……世田谷区豪徳寺2-24-7
■世田谷八幡（宮坂八幡宮）……世田谷区宮坂1-26-3
■勝光院（延命山勝光禅院）……世田谷区桜1-26-35
■実相院（鶴松山実相院）……世田谷区弦巻3-29-6

■浄光寺……世田谷区世田谷1-38-20
■世田谷代官屋敷・郷土資料館……世田谷区世田谷1-29-18
■石井神社跡（石井の神社）……世田谷区大蔵3-4
■次太夫堀公園と民家園……世田谷区喜多見5-27-14
■光伝寺……世田谷区喜多見5-13-10
■稲荷塚……世田谷区喜多見4-7
■須賀神社（天神の森、江戸遠江守旧館の地）……世田谷区喜多見4-3-23
■第六天塚……世田谷区喜多見4-3
■慶元寺（永劫山慶元寺）……世田谷区喜多見4-17-1
■喜多見氷川神社（氷川明神社）……世田谷区喜多見4-26-1
■知行院……世田谷区喜多見5-19-2
■観音寺（観音寺）……世田谷区宇奈根2-24-2
■常光寺（長立山常光寺）……世田谷区宇奈根2-21-2
■永安寺（竜華山永安寺）……世田谷区大蔵6-4-1
■大将塚（帯刀先生義賢の墓）……世田谷区大蔵6-6
■大蔵氷川神社（氷川明神社）……世田谷区大蔵6-6-7
■吉祥院（東覚山吉祥院）……世田谷区鎌田4-11-18
■鎌田天神……世田谷区鎌田4-11-19

■コース6

■千駄ヶ谷橋……渋谷区代々木2-13
■箒銀杏……渋谷区代々木3-23-3
■幡ヶ谷不動（荘厳寺）（幡ヶ谷不動明王）……渋谷区本町2-44-3
■旗洗池跡……渋谷区本町1-9-17
■幡ヶ谷子育地蔵尊……渋谷区幡ヶ谷1-1
■牛窪地蔵尊……渋谷区幡ヶ谷1-10
■清岸寺……渋谷区幡ヶ谷2-36-1
■笹塚跡……渋谷区笹塚2-12
■代田橋（代太橋）……世田谷区大原2と杉並区和泉2の間
■塩硝蔵地跡……杉並区永福1-2
■永福寺……杉並区永福1-25-2
■覚蔵寺（鬼子母神）……杉並区下高井戸3-4-7
■宗源寺……杉並区下高井戸4-2-3
■甲州街道一里塚跡・高井戸宿（高井戸）……杉並区下高井戸1-41

■念仏堂……世田谷区南烏山2-23-16
■大橋場の跡……世田谷区南烏山4-1
■新一里塚……世田谷区
■給田千手観音堂……世田谷区給田3-15-20

■コース7

■青梅街道解説板……新宿区新宿3-23
■第六天堂……中野区弥生町1-4-6
■成願寺（多宝山成願寺、中野長者正蓮の墳墓）……中野区本町2-26-6
■象小屋跡……中野区本町2-32
■宝仙寺三重の塔跡（中野の七塔）……中野区中央1-41
■白玉稲荷……中野区中央3-23-15
■宝仙寺（明王山宝仙寺）……中野区中央2-33-3
■やままさ醤油醸造所跡……中野区中央2-32
■明徳稲荷……中野区中央2-52-1
■お題目石……中野区本町4-38-18
■蚕糸の森公園……杉並区和田3-55-30
■民間信仰石塔……杉並区高円寺南1-11
■新堀用水路跡……杉並区阿佐谷南1-13
■パールセンターの石仏……杉並区阿佐谷南1-34
■庚申塔……杉並区天沼2-5
■天沼八幡……杉並区天沼2-18-5
■杉並区立郷土博物館分館……杉並区天沼3-23-1
■荻窪白山神社……杉並区上荻1-21-7
■光明院……杉並区上荻2-1-3
■観泉寺……杉並区今川2-16-1
■荻窪八幡……杉並区上荻4-19-2
■井草八幡……杉並区善福寺1-33-1
■江戸向き地蔵……杉並区善福寺4-1-1
■善福寺……杉並区善福寺4-3-6
■善福寺池・市杵島神社・遅野井の跡……杉並区善福寺3-18
■竹下稲荷……練馬区関町南2-3-22
■千川上水・庚申塔……練馬区関町南3-1
■関のかんかん地蔵……練馬区関町東1-18

■コース8

- ■観音寺……新宿区高田馬場3-37-26
- ■小滝橋延命地蔵尊……新宿区百人町4-9-5
- ■泰雲寺跡（落合水再生センター）（黄竜山泰雲寺）……新宿区上落合1-2
- ■月見岡八幡……新宿区上落合1-26-19
- ■中山御立場……中野区東中野5-27
- ■北野神社……中野区中野5-8
- ■中野犬囲み跡（中野区役所）……中野区中野4-8-1
- ■蓮華寺……中野区大和町4-37-15
- ■お伊勢の森児童遊園……杉並区阿佐谷北5-35-5
- ■阿佐ヶ谷庚申堂……杉並区阿佐谷北5-42
- ■妙正寺……杉並区清水3-5-10
- ■中瀬天祖神社……杉並区清水3-19-10
- ■田中家長屋門……杉並区下井草4-12
- ■庚申塔……杉並区下井草3-28-1
- ■地蔵菩薩像……杉並区下井草2-33-2
- ■井草観音堂……杉並区井草1-3-14
- ■禅定院……練馬区石神井町5-19-10
- ■石神井公園ふるさと文化館……練馬区石神井町5-12-16
- ■甘藍の碑……練馬区石神井台1-1-31
- ■道場寺……練馬区石神井台1-16-7
- ■三宝寺（亀頂山三宝寺）……練馬区石神井台1-15-6
- ■氷川神社（氷川明神祠）……練馬区石神井台1-18-24
- ■厳島神社……練馬区石神井台1-26
- ■石神井城址（三宝寺の池、石神井の城址）……練馬区石神井台1-18
- ■姫塚（照日塚）……練馬区石神井台1-26-1

■コース9

- ■豊坂稲荷神社（木花開耶姫の社）……豊島区目白3-2-12
- ■二又子育地蔵……豊島区南長崎2-3-4
- ■トキワ荘跡……豊島区南長崎3-16-6
- ■岩崎家住宅……豊島区南長崎4-23-21
- ■浅間神社・富士塚……練馬区小竹町1-59
- ■武蔵野稲荷……練馬区栄町10-1

■練馬大鳥神社……練馬区豊玉北5-18
■豊島弁財天……練馬区練馬2-2
■広徳寺……練馬区桜台6-20-19
■練馬城址（としまえん）（練馬の城址）……練馬区向山3-25-1
■白山神社……練馬区練馬4-1-2
■庚申堂……練馬区貫井1-6
■須賀神社・水神社……練馬区貫井5-4
■円光院……練馬区貫井5-7-3
■東高野山道道標……練馬区貫井5-17
■宮田橋供養塔……練馬区高松2-3
■高松八幡神社……練馬区高松1-16-2
■御嶽神社……練馬区高松3-19
■妙延寺……練馬区東大泉3-16-5
■大泉小学校……練馬区東大泉4-25-1
■北野神社……練馬区東大泉4-25
■大泉村役場跡（大泉中島公園）……練馬区大泉学園町2-2
■本照寺……練馬区西大泉3-11-3
■諏訪神社……練馬区西大泉3-13-3
■四面塔稲荷……練馬区西大泉5-1
■妙福寺……練馬区南大泉5-6-56

■コース10

■四つ叉馬頭観音……板橋区板橋2-58
■千川水神祠……板橋区大山西町13-10
■大山福地蔵尊……板橋区大山町54-1
■轡神社……板橋区仲町46-3
■豊敬稲荷……板橋区弥生町12-10
■上宿稲荷……板橋区弥生町45-7
■白箭稲荷……板橋区弥生町58-7
■六蔵祠……板橋区弥生町52
■長命寺……板橋区東山町48-5
■天祖神社……板橋区南常盤台2-4-3
■五本けやき……板橋区上板橋1-19
■子育地蔵……板橋区上板橋2-2

■庚申塔……板橋区上板橋2-18
■馬頭観音……練馬区北町1-44、45の間
■大山道道標……練馬区北町1-38-25
■阿弥陀堂……練馬区北町2-18-1
■練馬富士浅間神社……練馬区北町2-41
■北町聖観音……練馬区北町2-38
■大日如来供養塔……練馬区赤塚1-9
■小治兵衛窪庚申塔……板橋区成増2-6-1
■新田坂石造物群……板橋区成増2-33
■八坂神社……板橋区成増2-34

■コース11

■板橋宿本陣跡……板橋区仲宿47-9
■板橋……板橋区本町29-11
■智清寺（木下稲荷祠）……板橋区大和町37-1
■日曜寺……板橋区大和町42-1
■縁切り榎……板橋区本町18-9
■清水稲荷……板橋区宮本町54-1
■出井の泉公園……板橋区泉町24-6
■氷川神社……板橋区蓮沼町48
■南蔵院……板橋区蓮沼町48-8
■志村一里塚……板橋区志村1-12
■想い出の樹……板橋区志村2-12-3
■志村城跡（熊野神社）
（熊野権現の宮、千葉家の城址）……板橋区志村2-16-2
■清水坂（清水坂）……板橋区志村2-4
■志村清水坂緑地……板橋区志村2-27
■薬師の泉庭園（清水薬師如来）……板橋区小豆沢3-7
■総泉寺……板橋区小豆沢3-7-9
■御手洗不動尊遺蹟……板橋区小豆沢4-17
■龍福寺……板橋区小豆沢4-16-3
■小豆沢神社……板橋区小豆沢4-16-5

■コース12

- 地福寺……北区中十条2-1-20
- 十条富士塚……北区中十条2-14-18
- 子育地蔵……北区中十条2-9
- 荒澤不動尊……北区中十条3-35-26
- 馬坂……北区中十条3-34
- 八雲神社……北区中十条3-33
- 若宮八幡……北区中十条4-15
- 香取神社……北区赤羽西2-22-7
- 法真寺……北区赤羽西2-23-3
- 普門院……北区赤羽西2-14-20
- 稲付城址・静勝寺（自得山静勝寺）……北区赤羽西1-21-17
- 亀ヶ池弁財天・亀ヶ池……北区赤羽西1-29
- 赤羽八幡（赤羽山八幡宮社）……北区赤羽台4-1-6
- 宝幢院……北区赤羽3-4-2
- 大満寺……北区岩淵町35-7
- 正光寺……北区岩淵町32-11
- 岩淵宿問屋場跡……北区岩淵町26-10
- 岩淵渡船場跡（川口の渡し）……北区岩淵町41
- 八雲神社……北区岩淵町22-21
- 熊野神社……北区志茂4-19-1

■コース13

- 中曾根神社（中曾根城跡）……足立区本木2-5-7
- 大聖寺（関原不動）……足立区関原2-22-10
- 明王院（赤不動）（万徳山明王院）……足立区梅田4-15-30
- 石不動尊……足立区梅田3-18-14
- 佐竹抱屋敷跡（佐竹稲荷）……足立区梅田6-28-7
- 西新井大師（五智山総持寺）……足立区西新井1-15-1
- 猿仏塚……足立区栗原1-4-25
- 国土安穏寺……足立区島根4-4-1
- 赤羽家長屋門……足立区島根4-18-5
- 御成橋……足立区島根3-22と4-1の間
- 鷲神社……足立区島根4-25-1

切りとり線

★読者のみなさまにお願い

この本をお読みになって、どんな感想をお持ちでしょうか。祥伝社のホームページから書評をお送りいただけたら、ありがたく存じます。今後の企画の参考にさせていただきます。また、次ページの原稿用紙を切り取り、左記まで郵送していただいても結構です。

お寄せいただいた書評は、ご了解のうえ新聞・雑誌などを通じて紹介させていただくこともあります。採用の場合は、特製図書カードを差しあげます。

なお、ご記入いただいたお名前、ご住所、ご連絡先等は、書評紹介の事前了解、謝礼のお届け以外の目的で利用することはありません。また、それらの情報を6カ月を超えて保管することもありません。

〒101-8701（お手紙は郵便番号だけで届きます）
祥伝社新書編集部
電話03（3265）2310
祥伝社ホームページ　http://www.shodensha.co.jp/bookreview/

★本書の購買動機（新聞名か雑誌名、あるいは○をつけてください）

＿＿＿＿新聞の広告を見て	＿＿＿＿誌の広告を見て	＿＿＿＿新聞の書評を見て	＿＿＿＿誌の書評を見て	書店で見かけて	知人のすすめで

★100字書評……江戸の街道を歩く

名前

住所

年齢

職業

黒田　涼　くろだ・りょう

1961年生まれ。作家。85年早稲田大学政経学部卒。趣味の街歩きから東京に隠れた江戸城の探索に目覚め、江戸と東京の連続性を体感して現在にいたる。「江戸歩き案内人」としてガイドツアーの講師を務める一方、NHKはじめテレビ・ラジオ、新聞・雑誌等で活躍。『江戸城を歩く』『江戸の大名屋敷を歩く』『江戸の神社・お寺を歩く［城東編］［城西編］』（以上、祥伝社新書）、『大軍都・東京を歩く』（朝日新書）、『美しいNIPPONらしさの研究』（ビジネス社）など、著書多数。

江戸《えど》の街道《かいどう》を歩《ある》く——ヴィジュアル版

黒田《くろだ》　涼《りょう》

2016年6月10日　初版第1刷発行

発行者………………辻 浩明

発行所………………祥伝社しょうでんしゃ

〒101-8701　東京都千代田区神田神保町3-3

電話　03(3265)2081(販売部)

電話　03(3265)2310(編集部)

電話　03(3265)3622(業務部)

ホームページ　http://www.shodensha.co.jp/

装丁者………………盛川和洋

印刷所………………萩原印刷

製本所………………ナショナル製本

Printed in Japan　ISBN978-4-396-11468-8　C0226

〈祥伝社新書〉
黒田涼の「江戸散歩」シリーズ

161
《ヴィジュアル版》江戸城を歩く
歴史研究家 黒田 涼

江戸城の周辺には、まだ多くの碑や石垣、門、水路、大工事の跡などが残っている。カラー写真と現地図・古地図で親切に解説。歴史散歩に今すぐ出かけよう。

240
《ヴィジュアル版》江戸の大名屋敷を歩く
歴史研究家 黒田 涼

東京ミッドタウンは長州藩毛利家の中屋敷跡、築地市場は白河《しらかわ》藩松平家の下屋敷庭園跡……。あの人気スポットも、大名屋敷の跡地だった。

280
《ヴィジュアル版》江戸の神社・お寺を歩く［城東編］
歴史研究家 黒田 涼

訪れる優先順位を［★★★］［★★］［★］の三段階で表示。［城東編］は、銀座・八丁堀、上野・谷中《やなか》、王子・田端より東の社寺、寛永寺《かんえいじ》、浅草寺《せんそうじ》から亀戸《かめいど》天神、富岡《とみおか》八幡まで。

281
《ヴィジュアル版》江戸の神社・お寺を歩く［城西編］
歴史研究家 黒田 涼

［城西編］は三田・高輪《たかなわ》、愛宕《あたご》・芝《しば》、湯島・本郷より西の社寺、泉岳寺《せんがくじ》、増上《ぞうじょう》寺《じ》、護国寺《ごこくじ》、目黒不動《めぐろふどう》から、日枝《ひえ》神社、神田明神、湯島天神まで。